Welche Gebrauchsanleitungen braucht man wirklich für das Leben? Eine Wunschliste

Wie man sich nicht mehr über Dinge ärgert, über die man sich schon oft geärgert hat und die man einfach nicht ändern kann

Wie man zwischen Fernweh und der Angst vor Neuem entscheidet

Wie man es schafft, morgens so rechtzeitig aufzustehen, dass man Ruhe für Zeitung und Kaffee hat, bevor man zur Arbeit muss …

Springer-Verlag Berlin Heidelberg GmbH

Wie man aufhört, es immer allen recht machen zu wollen

Jona Piehl

Gebrauchsanleitungen optimal gestalten

Über sinnvolle und verständliche Gestaltung

Impressum

Text und Gestaltung
Jona Piehl

Dank an meine Familie
alle Freunde
Prof. Jovica Veljović
Prof. Hans Weckerle
Eva und Sünje und Claas

Für Irma und Gretchen

ISSN 1439-3107

ISBN 978-3-540-42619-6
ISBN 978-3-642-56311-9 (eBook)
DOI 10.1007/978-3-642-56311-9

Die Deutsche Bibliothek – CIP-Einheitsaufnahme
Piehl, Jona: Gebrauchsanleitungen optimal gestalten: Über sinnvolle und verständliche Gestaltung/Jona Piehl. – Berlin; Heidelberg; New York; Barcelona; Hongkong; London; Mailand; Paris; Tokio: Springer, 2002
(X.media.press)

http://www.springer.de

Gedruckt auf säurefreiem Papier

SPIN: 10852297 33/3142 ud 543210

Wie einem nicht so viel peinlich oder unangenehm ist

Inhalt

Gebrauchsanleitungen für das Leben

9 *Wie man es vermeidet, dass man auch in neuen Gruppen immer wieder die gleichen Rollen und sozialen Positionen einnimmt oder zugewiesen bekommt*

Geschichte der Gebrauchsanleitung

Informationsübertragung

Verbale Informationen

Visuelle Informationen

Bild-Text-Kombinationen

Schlafen

Äußere und innere Ruhe anstreben

Sinnesreizungen vermeiden

Augen schließen

Gedankengänge nicht mehr bewusst entwickeln

Ruhen

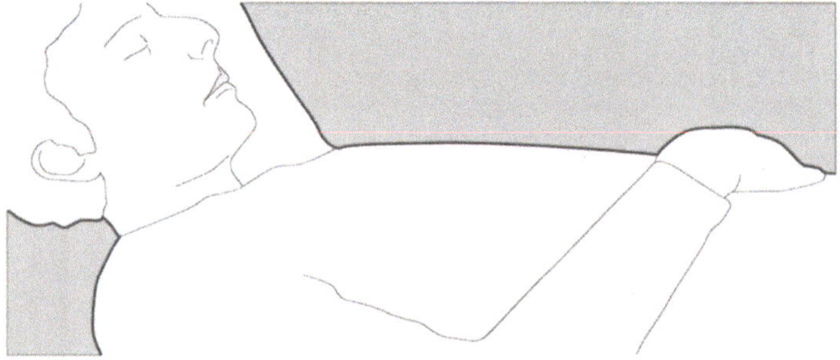

Schlafen

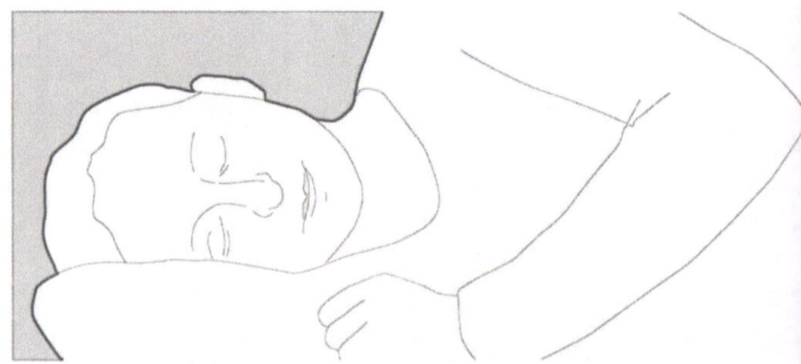

Aufwachen

Gehirn aus dem Ruhezustand holen

Augen öffnen

Sinne und Körper aktivieren

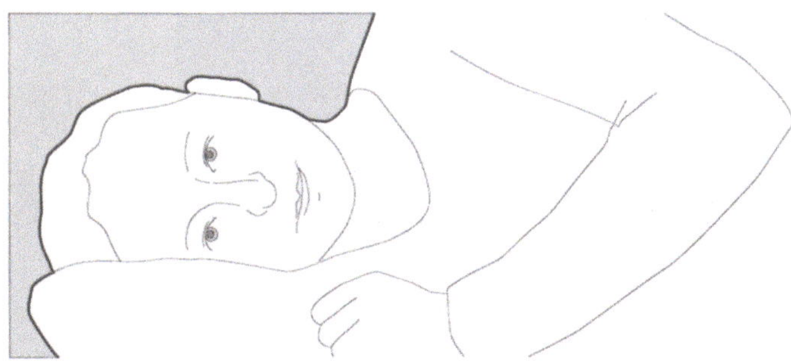

Aufstehen

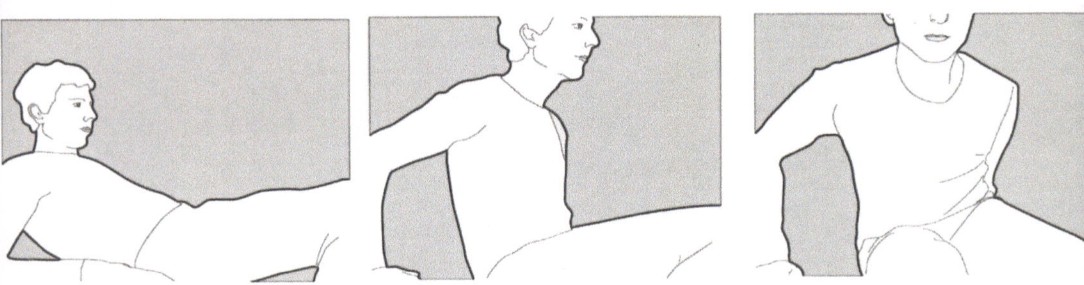

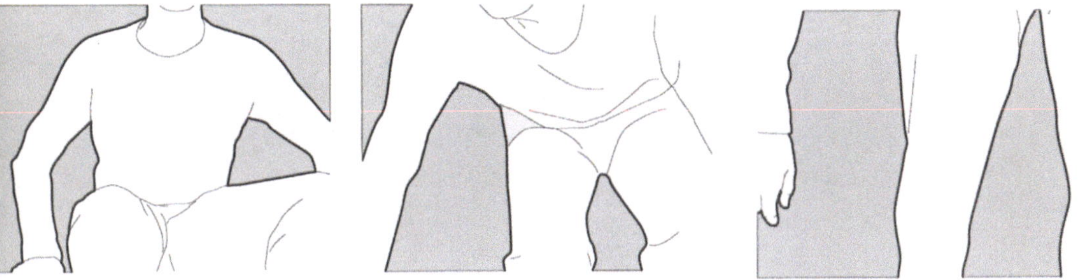

Hinlegen

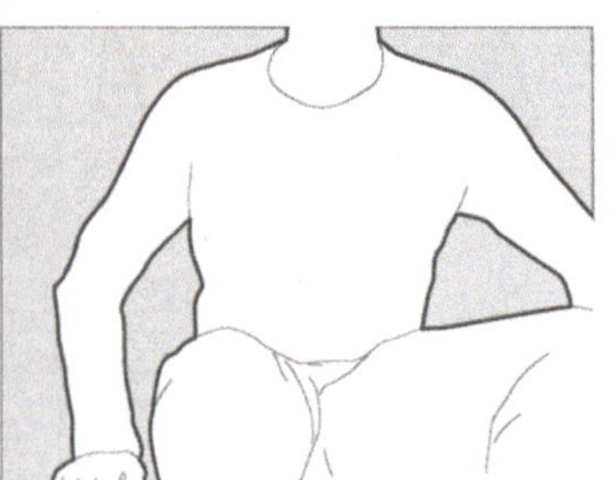
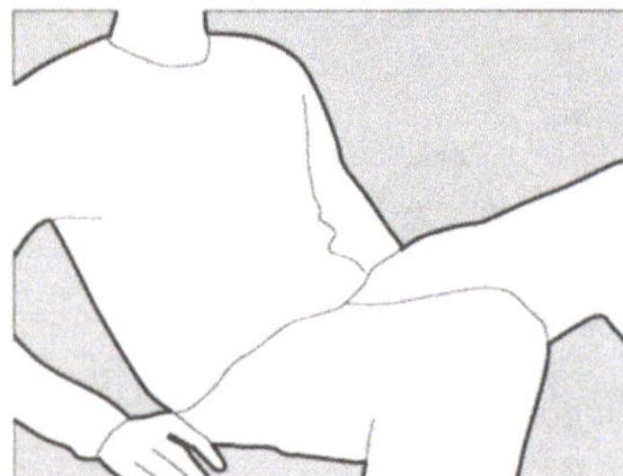
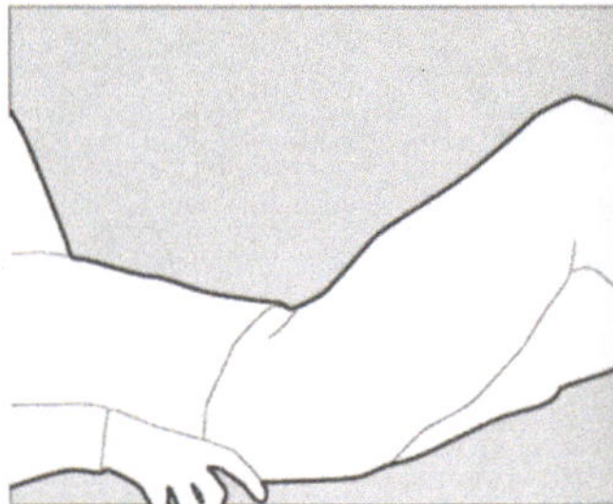

Sitzen

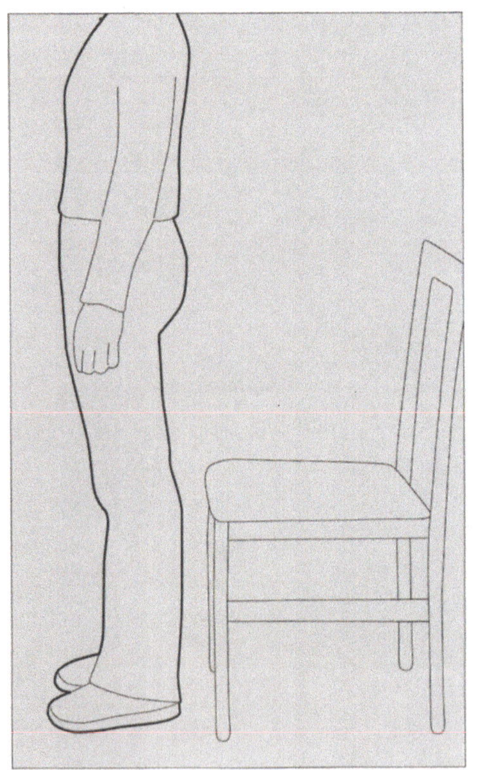

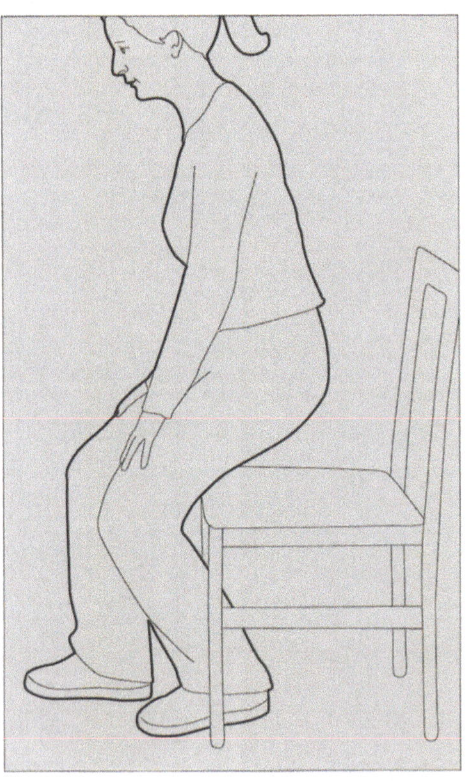

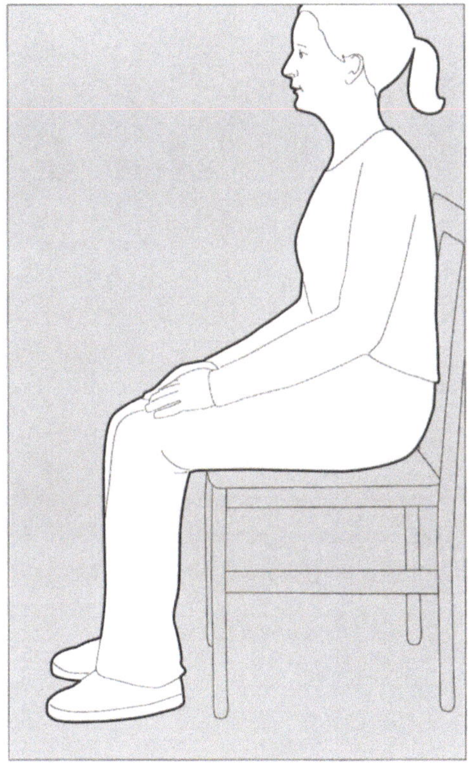

Gehen

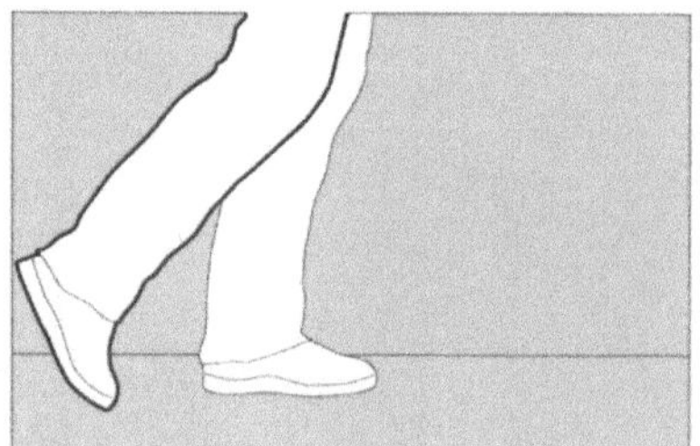

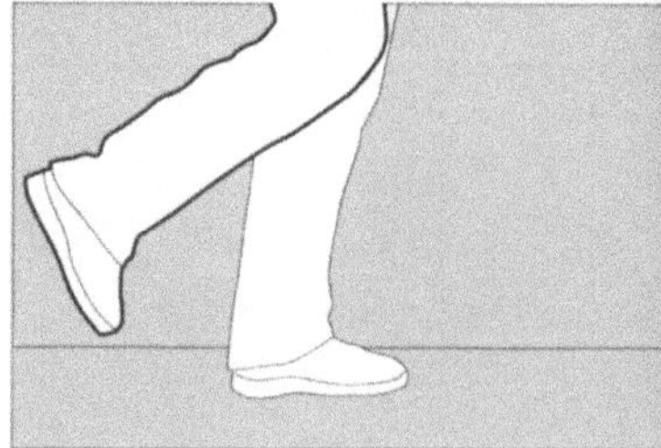

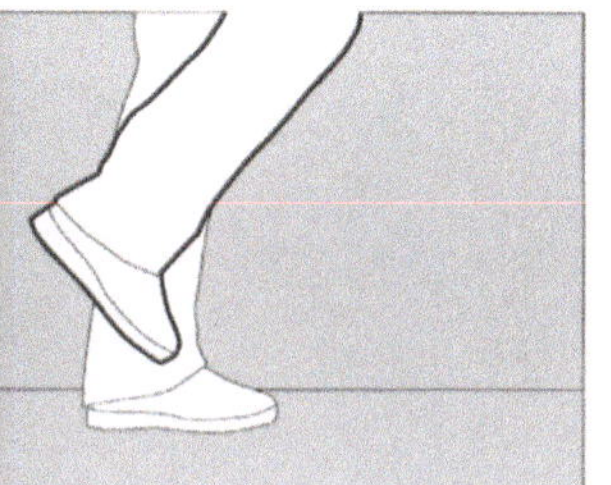
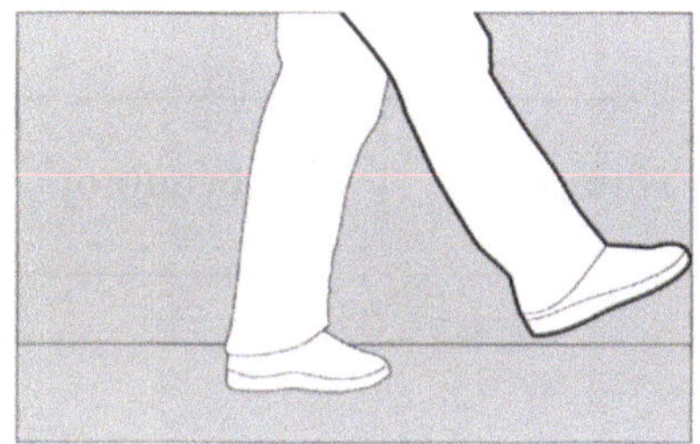
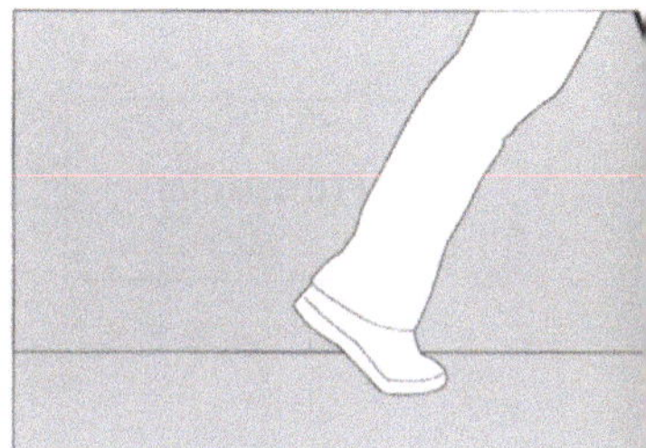

Essen

Messer	Gabel	Löffel	Teller
Frühstück	Mittagessen	Abendbrot	
Vorspeise	Hauptgericht	Nachtisch	
Reis	Nudeln	Brot	Getreide
Kartoffeln	Gemüse	Obst	
Milch	Fleisch	Fisch	
Gebäck	Süßigkeiten		

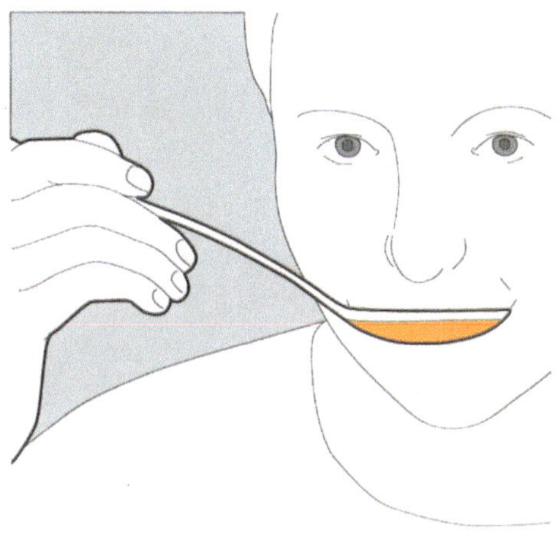

Nahrungsmittel auswählen

Besteck auswählen

Nahrungsmittel mit Besteck mundgerecht zerkleinern

Portion Nahrungsmittel mit Besteck zum Mund führen
Mund öffnen
Nahrungsmittel in den Mund bewegen
Mund schließen
Besteck zurück zum Teller führen

Zähne zerkleinern die Nahrung im Mund

Schmecken

Nahrung hinunterschlucken

Vorgang so oft wiederholen wie gewünscht

Trinken

Gewünschte Flüssigkeit in ein kleines Behältnis füllen

Gefäß mit der Hand greifen und
zum Mund heben

Mund öffnen
Gefäß an die Lippen setzen

Flüssigkeit aus dem Gefäß in den Mund gießen

Schmecken

Flüssigkeit hinunterschlucken
Gefäß absetzen

Vorgang so oft wiederholen wie gewünscht

Lesen

ABCDEFGHIJKLMNOPQRSTUVWXYZ 1234567890

abcdefghijklmnopqrstuvwxyz äöü ß .,:;!?&()

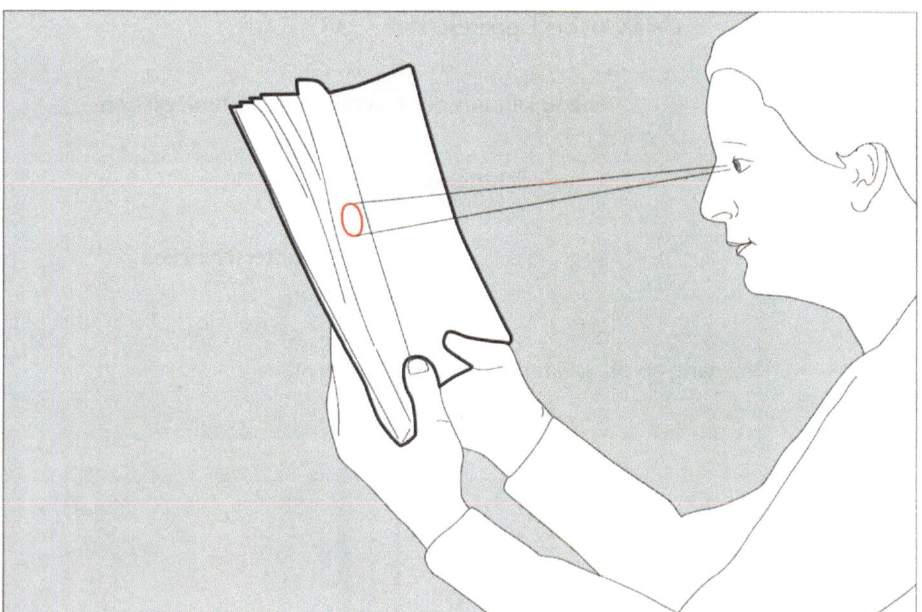

Buch

Zeitung

Post

Werbung

Plakat

Notiz

Digitale Medien

Vorlesen

Wenn man jemandem ein Buch vorliest, muss man die Buchstaben und Worte, die man mit den Augen erfasst, laut aussprechen, so dass der andere sie hören kann.

Bibliothek

Beim Lesen in einer Bibliothek muss man auf die Umgebung Rücksicht nehmen. Um die anderen Leser nicht zu stören, muss man ganz leise sein.

Illustrationen

Wenn man einen illustrierten Text liest, sollte man sich zwischen den Sätzen Zeit nehmen, um die Bilder zu betrachten.

Licht

Man sollte beim Lesen darauf achten, dass immer ausreichend Licht vorhanden ist, weil es sonst schädlich für die Augen sein kann.

Schreiben

	Bleistift	Feder und Tinte	Pinsel und Farbe	Kreide/Kohle	Nadel und Wolle	Stock	Finger	Messer
Papier	■	■	■	■	■			■
Pappe	■	■	■	■				■
Leinwand	■	■	■	■	■			■
Stoff	■	■	■	■	■			■
Sand						■	■	
Himmel							■	
Holz			■	■		■		■
Metall			■					■
Stein			■	■				

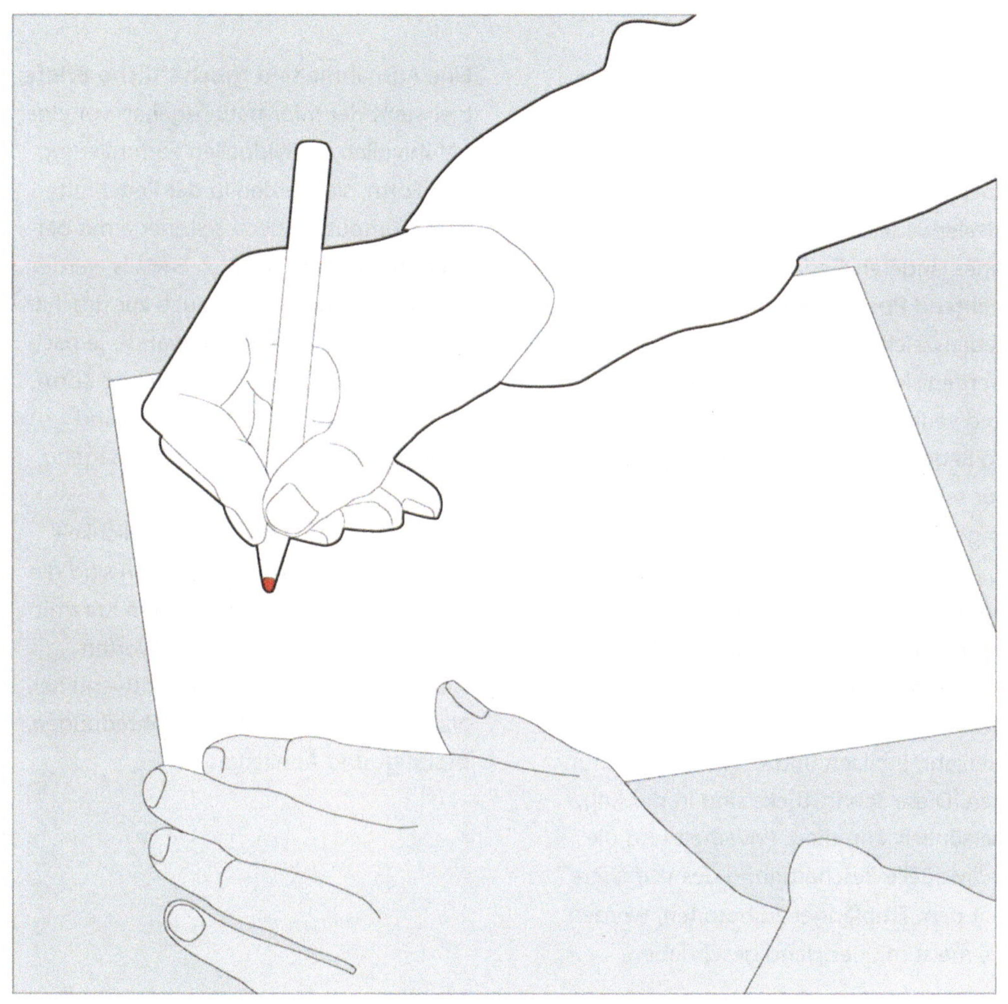

Briefverkehr

Um direkt mit einem oder mehreren, räumlich entfernten Menschen zu kommunizieren, wählt man die Form des Briefverkehrs.

Idealerweise ist ein einzelner **Brief** Teil eines längeren Gedankenaustausches, während **Postkarten** eher als kurze Lebenszeichen zu verstehen sind. Oft werden sie aus dem Urlaub geschrieben und verlieren als Kommunikationsmittel an Bedeutung, weil der Schreibende lange vor seinem Schriftstück wieder zu Hause angekommen ist.

Glückwunschkarten werden aus einem bestimmten Anlass geschrieben und haben über diesen eigentlichen Anlass hinaus meist keinen großen Informationsgehalt: Geburtstage, Weihnachten und Neujahr, Jubiläen und bestandene Prüfungen. Diese Schriftstücke sind in der Regel persönlich: Um diese Privatheit und die individuelle Beschäftigung des Verfassers mit dem Empfänger zu betonen, werden sie meist mit der Hand geschrieben.

Eine Ausnahme sind **geschäftliche Briefe,** hier steht der Informationsgehalt vor einer gefühlvollen, individuellen Formulierung und Form, sie werden in der Regel mit dem Computer oder – seltener – mit der Schreibmaschine verfasst. E-Mails werden sowohl zur privaten wie auch zur geschäftlichen Kommunikation verwandt. Je nach Absender, Empfänger und Ziel der Kommunikation können E-Mails lang und inhaltsreich oder kurz und nichtssagend sein.

Eine verhältnismäßig neue Möglichkeit der schriftlichen Kommunikation sind die über Mobiltelefone verschickten Kurzmitteilungen. Mit sehr wenigen Worten werden mehr oder weniger notwendige Nachrichten übermittelt, Verabredungen bestätigt und Ähnliches.

Tagebuch, Notizen

Dies sind schriftliche Fixierungen der eigenen Gedanken, die in erster Linie für den Schreibenden selbst bestimmt sind, solche Notierungen können jede beliebige Form annehmen. Unter Umständen wird sogar bewusst eine Sprache oder Aufzeichnungsform gewählt, die für Unbefugte unverständlich ist.

Einkaufszettel

Listen wie Einkaufszettel sind Lesezeichen für das Gehirn, sie sind selten als Kommunikationsmittel gedacht.
Da es vollkommen ausreicht, wenn sie für den Verfasser/Leser selbst verständlich und nachvollziehbar sind, ist es legitim eine persönliche Geheimsprache zu verwenden.

Bekanntmachungen, Sonderangebotsschilder, Plakate

Diese Schriftstücke dienen der gezielten Informationsvermittlung, die äußere Form soll Aufmerksamkeit auf sich lenken.
Ihr Nutzwert ist auf einen bestimmten Zeitraum und eine bestimmte Zielgruppe beschränkt.

Bücher, Geschichten, Gedichte, Drehbücher, Dramen, Artikel, Berichte

Diese Schriftstücke werden geschrieben, um gelesen oder aufgeführt oder in schriftlicher Form veröffentlicht zu werden. Da sie meistens noch in irgendeiner Form bearbeitet werden, in einer Zeitung gedruckt, als Buch veröffentlicht oder auf einer Bühne inszeniert, tritt die Form der ersten Niederschrift hinter dem Inhalt zurück.

Klausuren, Hausarbeiten

Diese Schriftstücke, seien sie nun handgeschrieben oder am Computer getippt, dienen dem Nachweis von bestimmten Wissen und Fähigkeiten. Der Schreibende muss Gepflogenheiten und Regeln befolgen, die es seinem Leser ermöglichen, den Text entsprechend seines inhaltlichen Wertes zu überprüfen. Das bedeutet beispielsweise, dass der Schreibende den Text in der Sprache verfassen sollte, auf die man sich zuvor geeinigt hat.

Sehen

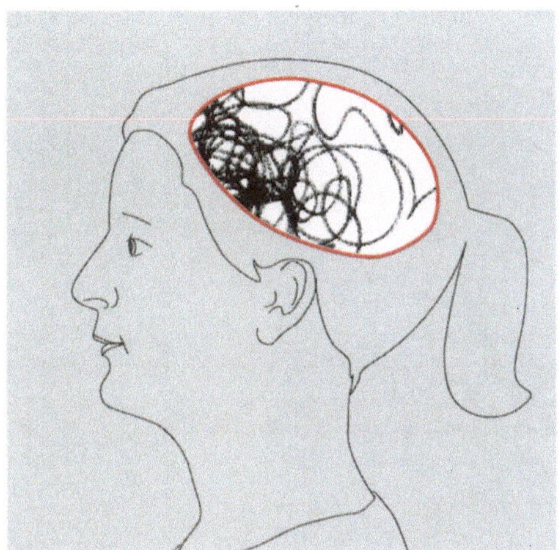

Hören

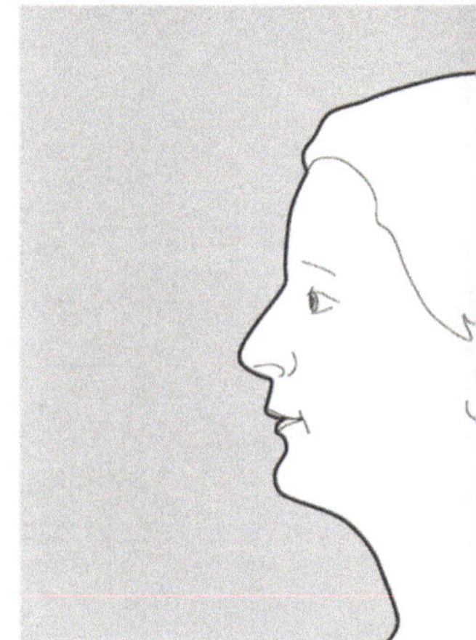

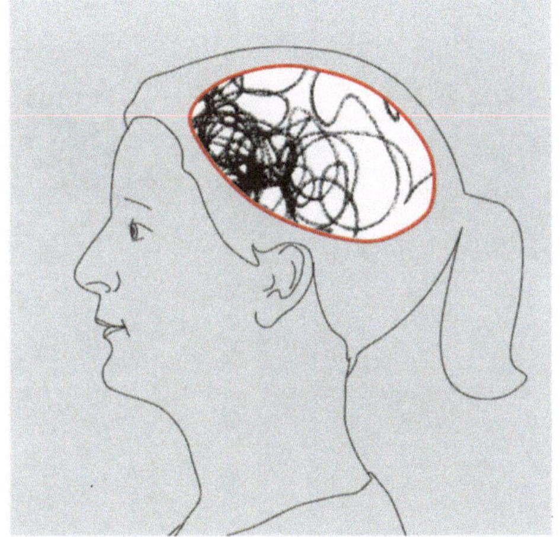

Sprechen

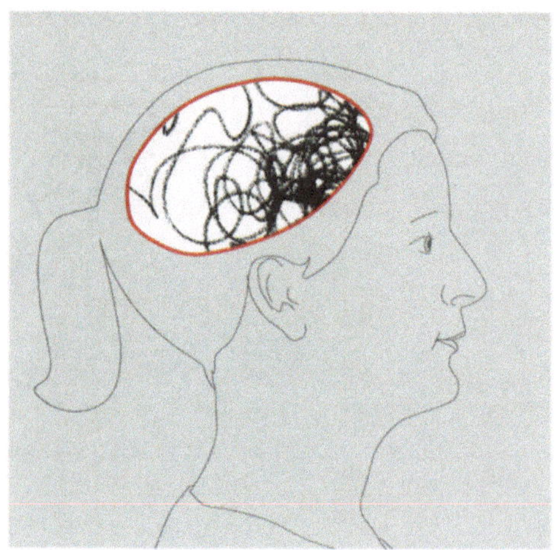

37 *Wie man es verschiedenen Personen recht machen kann, wenn diese vollkommen unterschiedliche Vorstellungen haben*

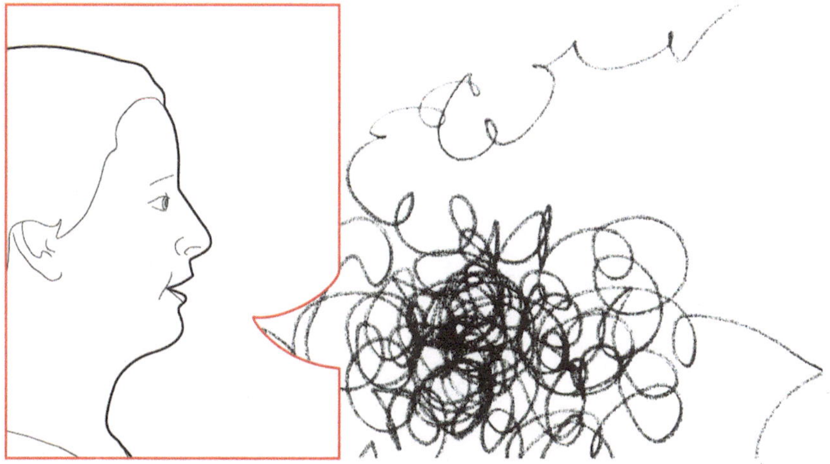

Schweigen

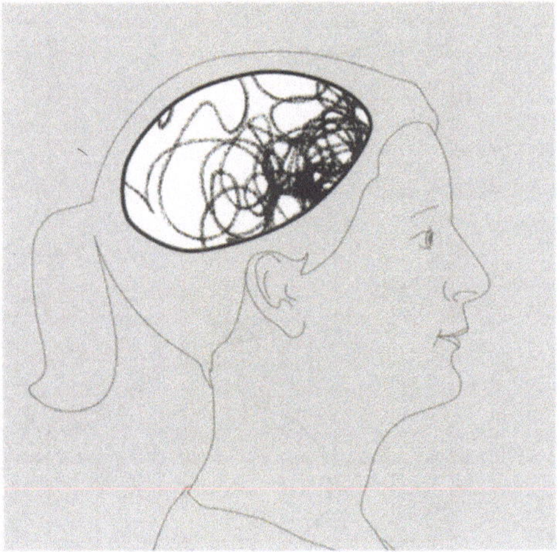

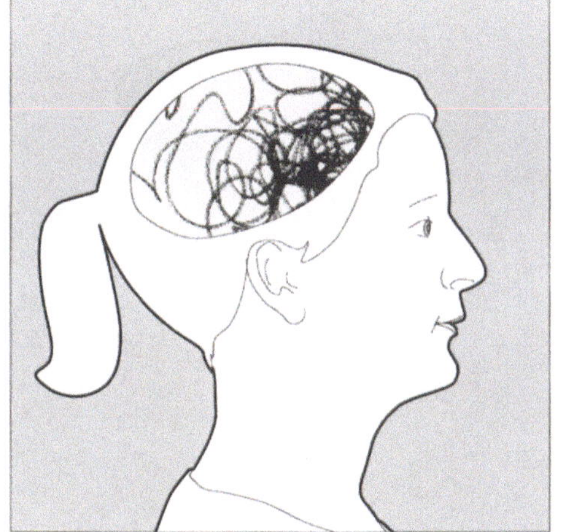

Träumen

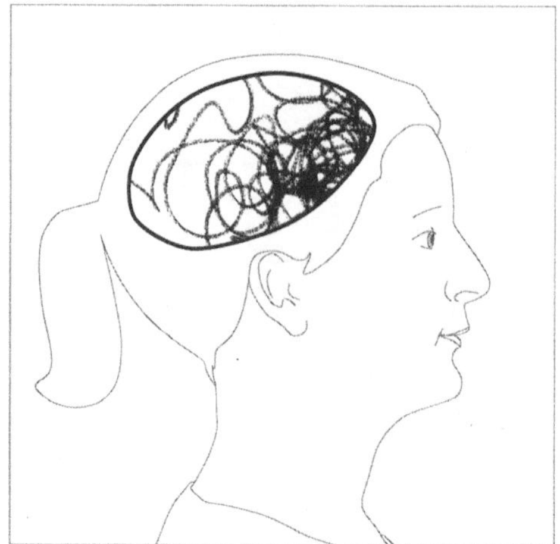

Freuen

»Froh zu sein bedarf es wenig, und wer froh ist, ist ein König!«

Begrüßen

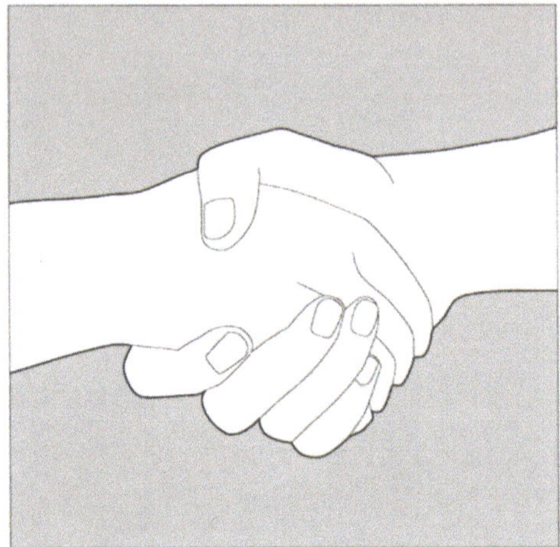

Respekt

Protokoll

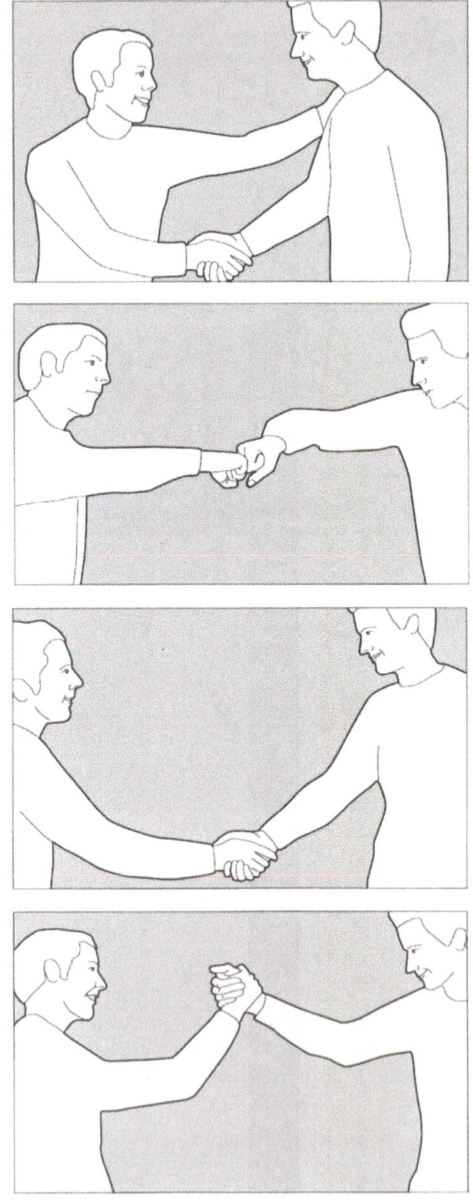

Freundschaft

Bekanntschaft

Liebe

Lieben

»Wir sagen heute noch: ich liebe diese Frau, und ich hasse jenen Menschen, statt zu sagen, sie ziehen mich an oder sie stoßen mich ab. Und um einen Schritt genauer müßte man hinzufügen, daß ich es bin, der in ihnen die Fähigkeit erweckt, mich anzuziehen oder abzustoßen. Und um noch einen Schritt genauer müßte man dem hinzufügen, daß sie in mir die Eigenschaften hervorkehren, die dazu gehören. Und so weiter; man kann nicht sagen, wo da der erste Schritt geschieht, denn das ist eine gegenseitige, eine funktionale Abhängigkeit so wie zwischen zwei elastischen Bällen oder zwei geladenen Stromkreisen. Und wir wissen natürlich längst, daß wir auch so fühlen müßten, aber wir ziehen es immer noch beiweitem vor, die Ursache und Ur-Sache in den Kraftfeldern des Gefühls zu sein, die uns umgeben; selbst wenn unsereiner zugibt, er mache einen anderen nach, drückt er es so aus, als ob das eine aktive Leistung wäre! Darum habe ich Sie gefragt und frage Sie noch einmal, ob Sie schon je maßlos verliebt oder zornig oder verzweifelt gewesen sind. Denn dann begreift man bei einiger Beobachtungsgabe ganz genau, daß es einem mitten in der höchsten Erregung seiner selbst nicht anders geht wie einer Biene am Fenster oder einem Infusorium in vergiftetem Wasser: man erleidet einen Bewegungssturm, man fährt blind nach allen Seiten, man schlägt hundertmal gegen das Undurchdringliche und einmal, wenn man Glück hat, durch eine Pforte ins Freie, was man sich natürlich hinterdrein, in erstarrtem Bewußtseinszustand, als planvolle Handlung auslegt.«

»Ich muß Ihnen einwenden,« bemerkte Diotima, »daß das eine trostlose und unwürdige Auffassung von Gefühlen wäre, die das ganze Leben eines Menschen zu entscheiden vermögen.« 1

1 Musil, Robert: *Der Mann ohne Eigenschaften.* Reinbek b. Hamburg, 1978, Band 1, Seite 473.

Geschichte der Gebrauchsanleitung

Was ist eine Gebrauchsanleitung?

»Die Weitergabe von Handlungen, seien es einzelne Handgriffe oder Handlungsfolgen, ist ein zentraler Mechanismus der kulturellen Evolution.« [1]

Die Gebrauchsanleitung ist eine schriftlich fixierte Handlungsanleitung. Damit stehen Gebrauchsanleitungen in einer Reihe mit drei weiteren Kategorien der Handlungstradierung:
— An erster Stelle steht das Beobachten und Nachahmen eines personalen Vorbildes: Dieses *Lernen am Modell* oder auch *Imitationslernen* ist eine Grundform des Lernens, die vermutlich schon zur Übermittlung der frühesten Kulturtechniken verwandt wurde und heute noch immer zum Einsatz kommt. Hier beobachtet der Lernende den Lehrer, der die Tätigkeit beherrscht, und versucht, dessen Handlungsschritte identisch zu imitieren.
— Im nächsten Schritt findet nicht mehr die bloße Nachahmung eines Handelnden statt, vielmehr erhält der Lernende auch eine *mündliche Einweisung*, der Lehrer erklärt dem Lernenden, was er tun soll und warum. Der Lehrer kann auf diese Weise Details des Handlungsablaufes präzisieren, Verständnisfehler aufgrund falscher Beobachtung werden minimiert und das direkte Feedback verringert die Wahrscheinlichkeit des Einprägens falscher Handgriffe.

1 Ballstaedt, Steffen-Peter: »Die bildliche Darstellung von Handlungen in technischen Dokumenten«, in: Schwender, Clemens: *Zur Geschichte der Gebrauchsanweisung.* Frankfurt am Main, 1999, Seite 67.

— Die Distanz zwischen Lehrer und Lernendem vergrößert sich, wenn der Lehrer eine Handlung erklärt, der Lernende sie jedoch nicht direkt, sondern zeitverzögert ausführt.
Jetzt ist die Möglichkeit eines unmittelbaren Feedbacks nicht mehr gegeben, dem Lernenden ist ein größeres Maß an Eigenverantwortlichkeit und die Entscheidung über das Wann und Wo seiner Handlung eingeräumt. Der Lehrende wird entlastet, da er die Ausführung der Handlung nicht mehr zu beaufsichtigen braucht, allerdings kann der Lernende allein am Erreichen oder Nichterreichen des Lernzieles erkennen, ob er alle Handlungsschritte richtig ausgeführt hat. Bei einem Scheitern wird die Fehlersuche sehr mühsam, da der Fehler theoretisch in jedem einzelnen Handlungsschritt stecken könnte.
— Konsequenter nächster Schritt ist die mediale Fixierung einer Handlungsanleitung, sei es in verbaler oder visueller Form.
Der Lernende ist vollkommen separiert vom Lehrer, nicht nur kann er die gelernte Handlung zu einem beliebigen Zeitpunkt ausführen, es bleibt ihm auch selbst überlassen, wann er die Handlung erlernen möchte, er ist nicht auf die Anwesenheit des Lehrers oder einen bestimmten Ort der Informationsübertragung angewiesen. Hier können sich neben Ausführungsfehlern auch Verständnisfehler einschleichen. Der Lernende erreicht im ungünstigsten Fall nicht das Lernziel und wird zudem nicht abschätzen können, ob das Problem lediglich in der falschen Ausführung der Operationen liegt oder ob er die schriftlichen Anweisungen schon falsch verstanden hat. 2

Meistens wird die Bezeichnung *Gebrauchsanleitung* auf den Bereich des *technischen Artefaktes* verwandt. Der Rezipient, also der Leser, befasst sich mit der Textsorte *Gebrauchsanleitung* nicht zum Selbstzweck oder zur Unterhaltung, sondern mit der Absicht, eine Handlungsfolge zu erlernen, die er beherrschen muss, um das Hauptziel zu erreichen: die vollständige Beherrschung des Gerätes/Objektes/Produktes.
Gebrauchsanleitungen werden daher immer dort benötigt, wo das Ergebnis einen höheren Stellenwert einnimmt als der Prozess der Beschäftigung mit dem Objekt. Dies gilt auch für nicht technische Objekte.

So wären beispielsweise Klaviernoten im Grunde eine Gebrauchsanleitung für ein Klavier: Wie lange soll welche Taste gedrückt werden, welche Tasten sollen gleichzeitig, welche nacheinander betätigt werden. Da aber eher das Spielen selbst denn die vollkommene Beherrschung des Instruments das Ziel ist, würde man die Noten in diesem Fall nicht als Gebrauchsanleitung bezeichnen. Ein Haarpflegemittel andererseits entzieht sich zunächst wohl der Definition des *technischen Artefaktes*; zum Erzielen der gewünschten Wirkung ist aber faktisch eine richtige Gebrauchsanleitung nötig, da das Produkt nicht selbsterklärend ist.
Fahrpläne können als Gebrauchsanleitungen für öffentliche Transportsysteme verstanden werden. Nur mit einer gewissen Kenntnis des Fahrplans und den Gepflogenheiten des jeweiligen Systems wird man in der Lage sein, das gewünschte Ziel zu erreichen.
Hier bezeichnet *Gebrauchsanleitung* keine Anleitung für ein Objekt mehr, sondern für ein in sich nicht abgeschlossenes, flexibles Zeichensystem. 3

2 Ballstaedt, Steffen-Peter: »Die bildliche Darstellung von Handlungen in technischen Dokumenten«, Seite 67.

3 Franke, Erik: »Fahrplanhefte als Gebrauchsanleitungen«, in: Schwender: *Geschichte der Gebrauchsanweisung*, Seite 158.

Vor allem die Zunahme an komplizierten technischen Geräten hat zu einem erhöhten Bedarf an Gebrauchsanleitungen geführt, gleichzeitig gibt es viele Beispiele von Gebrauchsanleitungen, die nicht technische Objekte erklären.
Der Versuch, den Begriff *Gebrauchsanleitung* nur über die formalen, sprachlichen Kriterien zu definieren, ist wenig erfolgreich. Zwar gibt es in der Linguistik die Einteilung in Textsorten, in der besondere Merkmale der Textsorte *Instruktionstexte* dargestellt werden. Charakteristika sind die schriftliche Fixierung, das Ziel, den Leser zum nonverbalen Handeln anzuleiten, die monologische, nüchtern technische Sprache, die imperative Anrede unterschiedlicher, meist fachexterner Adressaten, die thematische Auseinandersetzung mit einem technischen Gegenstand. Für den Großteil aktueller technischer Gebrauchsanweisungen sind diese Kriterien zutreffend. Problematisch wird die Einordnung bei Anleitungen, die nicht in Prosa-, sondern in Reimform verfasst sind, die lediglich aus einer Bildfolge oder einem Comic bestehen, einer interaktiven CD-ROM, einer Website, einem Videofilm. [4]

Die *Gebrauchsanleitung* wird nicht so sehr von Form und Inhalt bestimmt, sondern davon, was der Autor beabsichtigt und was der Leser daraus versteht. [5] Die Textsorte *Gebrauchsanleitung* bezeichnet also eine in irgendeiner Form medial fixierte Handlungsanleitung mit dem Ziel, Kenntnisse über Tätigkeiten zu vermitteln, die zur erfolgreichen Nutzung eines Objektes notwendig sind. Sie ist zielgerichtet und stark ergebnisorientiert und sie soll Handlungen auslösen. Hierbei kann noch zwischen drei Formen unterschieden werden: der Sofortanleitung, der Lernanleitung und der Nachschlageanleitung. [6]

Im Laufe der Jahre

Seit dem 11. Jahrhundert vor Christus gibt es erste Nachweise von anleitenden Texten und Bildern. In der Renaissance perfektionierte Leonardo da Vinci visuelle Darstellungsformen wie beispielsweise die der Explosionszeichnung, auch wenn seine Zeichnungen nicht direkt Handlungsanleitungen waren.
In ›*Die Gebrauchsanleitung – eine Anleitung zum Gebrauch*‹ führt Clemens Schwender als erstes Beispiel einer Gebrauchsanleitung ein 1420 erschienenes Feuerwerk-Handbuch an. Während zuvor operatives Wissen mündlich weitergegeben wurde, finden sich hier neben Montagehinweisen Anleitungen zum korrekten Handeln und Verhalten sowie Warnungen vor möglichen Gefahrenquellen beim Umgang mit Feuerwerk und Kriegstechnik. [7]
Mitte des 18. Jahrhunderts wurden in Amerika das erste Mal Diagramme an der Stelle von Tabellen verwendet, allerdings war die Verwendung von Grafik bis etwa 1900 auf den Bereich der Mathematik beschränkt. [8]

4 Schwender, Clemens: *Die Gebrauchsanleitung – eine Anleitung zum Gebrauch.* Frankfurt am Main, 1999, Seite 5.

5 ebd., Seite 7.

6 Friske, Hans-Jürgen: *Technische Dokumentation.* Münster, 1996, Seite 15.

Ein wichtiger Einschnitt war die mit der Industrialisierung sehr stark zunehmende Zahl an *erläuterungsbedürftigen* Geräten. Zunächst wurde es notwendig, die *professionellen Benutzer* von Maschinen zu informieren, da oft der Produktionsort einer Maschine nicht mit dem Einsatzort übereinstimmte, so dass der Hersteller nicht mehr für Einführungen oder Fragen zur Verfügung stand: Es wurden Anleitungen für Fachleute benötigt. Im nächsten Schritt wuchs der Bedarf an Gebrauchsanleitungen für Laien, als mit der fortschreitenden Elektrifizierung der Städte Geräte wie Telefon, Kühlschränke, Waschmaschinen, Elektroherde und Radiogeräte ihren Einzug in die Privathaushalte hielten.

7 Schwender, Clemens: *Die Gebrauchsanleitung – eine Anleitung zum Gebrauch,* Seite 12.

8 Eberleh, Edmund: »Komplementarität von Text und Bild«, in: Becker, Thomas et al: *Sprache und Technik. Das Gestalten verständlicher Texte.* Aachen, 1990, Seite 68.

Mittlerweile sind Hersteller gesetzlich verpflichtet, ihren Produkten eine Gebrauchsanleitung beizufügen, die ganz bestimmte Voraussetzungen erfüllen muss. Gefahrenhinweise müssen eindeutig erkennbar sein und die Gebrauchsanleitung muss den Nutzer generell in die Lage versetzen, ein Produkt in vollem Umfang erfolgreich nutzen zu können. So haftet der Hersteller für Fehler oder Schäden aufgrund einer mangelhaften *Darbietung* des Produktes, aufgrund einer nicht ausreichenden oder falschen Anleitung für Zusammenbau, Wartung und Betrieb oder wegen ungenügender Sicherheitshinweise. [9]

Immer häufiger werden Anleitungen zu ausufernden Produktbeschreibungen und Aufzählungen oder zu Produktwerbungen, in denen dem Benutzer zum Kauf seines neuen Gerätes gratuliert wird. Abhängig vom Standpunkt des Betrachters bestehen unterschiedlichste Anforderungen an die Gebrauchsanleitung:
Sie soll kostengünstig in der Herstellung, medienunabhängig, möglichst einfach zu übersetzen und zu aktualisieren sein, optimal verständlich und verbraucherorientiert gestaltet sein, den rechtlichen Normen entsprechen und alle Sicherheitsvorschriften erfüllen.

Eine penible Einhaltung aller rechtlichen Vorschriften führt unter Umständen aber zu einer für den Laien vollkommen unverständlichen, hochkomplizierten technischen Sprache, zu Lasten der Einfachheit und Verständlichkeit. Aufwendig produzierte Abbildungen wiederum widersprechen unter Umständen Überlegungen zur Wirtschaftlichkeit. Die Erkenntnis, dass eine gute Gebrauchsanleitung zu zufriedenen Benutzern führt, was wiederum die beste Werbung ist, hat sich noch nicht allgemein durchgesetzt. Geradezu notorisch ist der schlechte Ruf jener Anleitungen, die von einer in die andere Sprache übersetzt wurden, scheinbar ohne dass der Übersetzer grundlegende Kenntnisse der jeweiligen Sprachen besaß. Wie kann ein Benutzer von der hohen Qualität eines Produktes überzeugt sein, wenn der Hersteller so offensichtlich nachlässig ist?

Da die technischen Geräte immer komplizierter werden und die Richtlinien für den Aufbau und Inhalte einer Gebrauchsanleitung immer strenger, nehmen die Gebrauchsanleitungen selbst an Umfang und Detailfreude im Lauf der Jahre immer mehr zu. Kleine Faltblätter entwickeln sich zu Taschenbüchern. Genauso haben sich die sprachlichen und gestalterischen Mittel über die Jahre hin verändert. War die Hauptsache anfangs immer der Text und bildliche Darstellungen reines Beiwerk, so wird heute zunehmend mit Text-Bild-Kombinationen gearbeitet.
Neben der optischen Attraktivität, die den Benutzer zum Lesen der Gebrauchsanleitung animieren soll, hat dies auch den sehr wirtschaftlich-praktischen Vorteil, dass eine Gebrauchsanleitung problemloser in andere Sprachen übersetzt werden kann, wenn sie die Leitinformationen in visueller Form vermittelt.

9 Vgl. DIN V 8418: *Hinweise zur inhaltlichen und formalen Gestaltung von Gebrauchsanleitungen und Benutzerinformationen.* Berlin, 1988.

Besonders im Bereich der Präsentation und Gestaltung von Inhalten wird es grundlegende Veränderungen geben, da die Veränderungen in den Medien der Informationsvermittlung Einfluss auf den Verbraucher und seine Lebens- und Lesegewohnheiten nehmen.

Präsentationsformen

Mittlerweile bezeichnet eine *Gebrauchsanleitung* nicht mehr unbedingt ein kleines Heftchen oder dickes Taschenbuch, das einem Produkt beigelegt ist. Gebrauchsanleitungen können sich direkt auf dem Produkt oder der Verpackung befinden. Sie können Audiokassetten, Lehrfilme, interaktive CD-ROMs oder online im Internet sein.

Insbesondere diese digitale Form scheint enorme Vorteile zu bieten verglichen mit traditionell gedruckten Gebrauchsanleitungen.
Gedruckte Anleitungen sind zum Zeitpunkt der Veröffentlichung aktuell, können aber mit der rasanten Entwicklung der Technik kaum Schritt halten. Eine Anleitung hingegen, die digital vorliegt, kann ständig ergänzt und verändert werden, sie bleibt damit fortwährend auf dem aktuellsten Stand. Sogar die Möglichkeit der Kundenbetreuung bietet sich, wenn via E-Mail Probleme geschildert und Lösungen erfragt werden können.
Die Navigation durch eine solche Anleitung erfolgt intuitiv, der Leser braucht nur das zu lesen, was ihn in dem Moment betrifft, da alle Informationen in kleine übersichtliche Einheiten aufgegliedert sind.
Zu den entsprechenden Kapiteln findet der Benutzer über ein Interface, in das er ein Suchwort eingeben kann, er muss nicht erst umständlich zwischen den Kapiteln hin und her blättern.

Ein weiterer entscheidender Vorteil liegt in der Darstellbarkeit von Bewegungsabläufen. Eine Schwierigkeit der traditionellen Gebrauchsanleitungen liegt schließlich darin, dass Handlungsabläufe und Bewegungen nur sehr unzureichend in

Bildfolgen wiedergegeben werden können, ein Ablauf ist nur aufwendig und in vielen Einzelbildern darstellbar. Bei Anleitungen auf CD-ROM oder online können kleine Filme integriert werden, die ergänzt durch erläuterte und mit Beschriftungen versehene Einzelbilder komplexe Arbeitsschritte darstellen können.
Bei vielen Geräten aus dem Bereich von Computern und Software ist eine Online-Hilfefunktion beziehungsweise eine systeminterne Hilfe seit einiger Zeit integriert, was folgerichtig und nützlich ist, da der Benutzer im Moment der Problemsituation direkt am Computer sitzen wird, er also kein zusätzliches Handbuch zu Rate ziehen muss, sondern unmittelbar *am Gerät* Hilfe findet.

Wie nützlich und praktisch ist aber eine Gebrauchsanleitung für einen Videorekorder, die nur in digitaler Form vorliegt, so dass jedes Mal am Computer nachgelesen werden muss, wenn es Fragen gibt? Oder für einen Staubsauger?

Sicherlich ist es eine richtige Einschätzung, dass Gebrauchsanleitungen generell eher anfangs gelesen werden und nicht in jeder Situation, in der das Gerät verwendet wird. Die Bedienung wurde prinzipiell verstanden, es müssen nur noch kleine Details überprüft werden. Für diese Situationen ist unter Umständen eine kleine Referenzkarte vollkommen ausreichend. Man könnte folgern, dass für den ersten Einstieg die Vorteile und Möglichkeiten der digitalen Gebrauchsanleitung überwiegen und für alle nachfolgenden Fragen ein Beiheft ausreichend ist. Aber im Grunde genommen sind Gebrauchsanleitung nur dann sinnvoll, wenn sie mindestens so transportabel sind wie die Geräte, deren Bedienung sie erläutern. Das Medium der

Gebrauchsanleitung darf an Kompliziertheit das Artefakt, um das sich die eigentliche Situation dreht, nicht übersteigen: »*Technische Anleitungen sind eine Bringschuld des Herstellers und keine Holschuld des Kunden.*« 10

Wie absurd wäre es denn, wenn zum Lesen der Gebrauchsanleitung einer elektrischen Heckenschere vorausgesetzt würde, dass der Benutzer in der Lage sei, ein wesentlich höher entwickeltes, komplizierteres technisches Gerät, nämlich einen Computer, zu bedienen?

Dazu kommt ein weiteres Problem:
Eine Gebrauchsanleitung erklärt dem Leser bis dato unbekannte Handlungen und Funktionen. Der Leser ist situationsbedingt ängstlich darauf bedacht, wirklich alles zu verstehen, alles genau richtig zu machen. Es ist relativ unwahrscheinlich, dass eine digitale Gebrauchsanleitung in der Lage sein wird, beim Benutzer das nötige Vertrauen zu erwecken. Der Verbraucher hat sich noch nicht an die neue hypertextuelle Informationsübertragung im Internet gewöhnt, versteht die Strukturen nicht so gut, als dass sich das Gefühl einstellen könnte, alle vorhandenen Informationen gefunden zu haben und sie im Zweifel auch ein zweites Mal wiederzufinden. Die Stichwortsuche bleibt ergebnislos, wenn als Suchbegriffe andere erwartet werden, als man selber benötigt.

Eine gedruckte Anleitung bewegt sich im Rahmen traditioneller Lesegewohnheiten, der Leser kann sich allein auf die vermittelten Inhalte konzentrieren, er verliert keine Zeit und Energie damit, sich mit den Besonderheiten eines neuen Mediums auseinander zu setzen. Insbesondere beim Auftre-

ten von Problemen ist man an einer schnellen, effizienten Lösung interessiert. Wenn man sich erst mühsam durch unübersichtliche Suchmasken zur gesuchten Antwort fragen muss, steigt die Frustration.
Zudem ist es anstrengender und langwieriger, digitale Texte zu lesen und zu verstehen als gedruckte, da die Darstellung eines Monitors nicht den Wahrnehmungsgewohnheiten des menschlichen Auges entspricht, die Augen ermüden schneller. [11]

Dass sich die Gewohnheiten des Lesers eines Tages auf die Tatsache einstellen werden müssen, dass es zum Regelfall wird, alle benötigten Informationen aus dem Internet zu sammeln, steht außer Frage – unabhängig davon, ob diese Art der Informationsaufnahme für den Menschen biologisch geeignet und sinnvoll ist. Dann werden auch die Vorteile der digitalen Informationsvermittlung in den Vordergrund rücken. Die Textsorte *Gebrauchsanleitung* ist jedoch so spezifisch darauf ausgerichtet, ergebnisorientiert Informationen zu übertragen, dass auf Gewohnheiten der Leser Rücksicht genommen werden muss, um nicht genau dieses Ziel zu verfehlen. Auch wird man sich vielleicht bei einem Motorrad immer wieder für eine gedruckte Gebrauchsanleitung entscheiden, weil es einfach praktischer ist.

10 Lang, Michael: »Zum Teufel mit der Anleitung«, in: Süddeutsche Zeitung, Nr. 297, 27.12.2000, Seite V2/12.

11 Schweres, Manfred: »Bildschirmtexte wenig einprägsam«, in: Frankfurter Allgemeine Zeitung, Nr. 8, 10.01.2001, Seite N3.

Ziele einer guten Gebrauchsanleitung

Eine gute Gebrauchsanleitung soll den Benutzer schnell und unkompliziert in die Lage versetzen, eine Handlung erfolgreich auszuführen, die er zuvor noch nicht beherrschte. Die Informationen sollten innerhalb der Gebrauchsanleitung so gegliedert sein, dass sie schnell und sicher vom Leser aufzunehmen und zu verarbeiten sind. Die Gebrauchsanleitung sollte so aufgebaut sein, dass ein Leser, der nur eine bestimmte Information sucht, diese sofort findet.
Eine Anleitung sollte eine einfache, gut verständliche Sprache ohne überflüssige Fachwörter verwenden. Der Leser erwartet weder eine betont joviale oder kameradschaftliche Anrede noch unterhaltende Literatur, sondern einen rein informativen *Fachtext.* 12
Je mehr Vorwissen der Leser einer Anleitung hat, desto weniger Hintergrundinformationen muss die Anleitung beinhalten und desto weniger grundsätzliche, scheinbar offensichtliche Informationen erwartet der Leser, wenn er sich ernst genommen fühlen will. Andererseits wenden sich heute viele Anleitungen sowohl an Laien als auch an Fachleute. Des Weiteren kann jeder Leser zusätzlich zu seinem individuellen Bildungsstand durch eine unterschiedliche kulturelle Sozialisation mit vollkommen anderem Vorwissen ausgestattet sein. Welchem Leser, welcher Zielgruppe will die Anleitung gerecht werden?

Eine Gebrauchsanleitung wird umso erfolgreicher sein, je eher sie auf die Erwartungen und Bedürfnisse des Lesers eingehen kann, je niedriger infolgedessen die Frustration und Langeweile ist. Dieses hehre Ziel wird in der Realität nur selten erreicht, Gebrauchsanleitungen haben im Gegenteil den notorischen Ruf der Schwerverständlichkeit, wobei dieses Phänomen in unzähligen Witzbüchern, Glossen und Anthologien mangelhaft aus dem Chinesischen übersetzter Gebrauchsanleitungen für Videorekorder und Radiowecker dokumentiert wird.

Wer es vermeiden kann, versucht das Gerät zunächst ohne Hilfe der Gebrauchsanleitung in Betrieb zu nehmen. (Wobei tatsächlich statistisch festgestellt wurde, dass Männer mehrheitlich versuchen, ganz ohne Gebrauchsanleitungen auszukommen, wohingegen Frauen eher gewillt sind, einen Blick in die Anleitung zu werfen.)

12 Nickl, Markus: »Gebrauchsanleitungen der 50er und 60er Jahre«, in: Schwender: *Geschichte der Gebrauchsanweisung,* Seite 235.

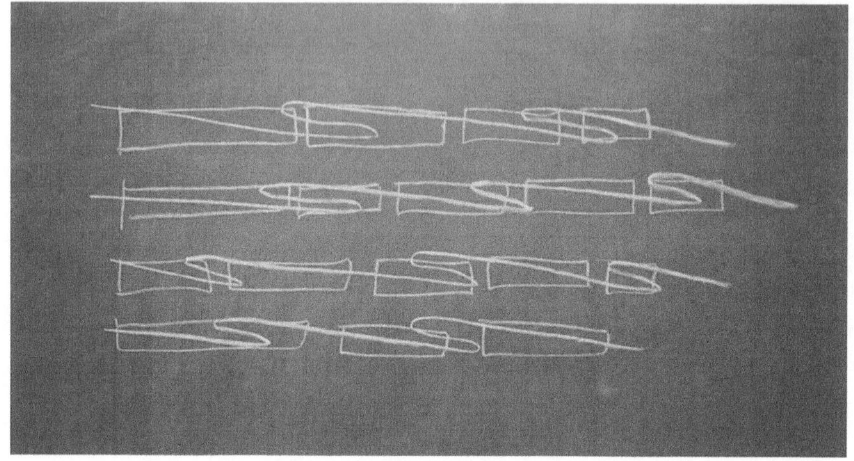

Wahrnehmungsprozesse

Wahrnehmen

Das erklärte Ziel von Gebrauchsanleitungen ist der Neuerwerb von Informationen.
Um Anleitungen zu erstellen, die den reibungslosen Ablauf dieser Informationsübertragung gewährleisten, ist es notwendig, die Prozesse zu kennen, die die Wahrnehmung, das Lesen, und die Verarbeitung von Informationen ausmachen. Wenn im Nachfolgenden der Einfachheit halber von Texten die Rede ist, dann sind damit, sofern nicht anders vermerkt, Texte im Sinne von zu übertragenden Datenmengen gemeint. Dabei ist es zunächst nicht entscheidend, ob diese Datenmenge in visueller oder schriftlich fixierter verbaler Form vorliegt. Die Wahrnehmungs- und Verarbeitungsprozesse ähneln sich, wobei hier deutlich gemacht werden soll, inwieweit visuelle Informationen schneller und erfolgreicher verarbeitet und gespeichert werden können als verbale.

Blickbewegungen, Fixationen und Buchstaben- und Worterkennungen laufen weitgehend unbewusst und automatisch ab.
Beim Betrachten der geschriebenen Wörter verläuft die Augenbewegung nicht kontinuierlich, sondern sprunghaft, in so genannten sakkadischen Bewegungen: springen, anhalten, springen, anhalten, springen, anhalten. Diese Bewegungsmuster ermöglichen es, anhand der Zahl der Fixationen pro Zeile oder pro gelesenem Wort, der

Dauer der Fixationen sowie der Anzahl der Regressionen pro Zeile den Lesevorgang quantitativ zu beschreiben. Wäre das Lesetempo ausschließlich begrenzt durch physiologische Faktoren, also die menschliche Sensorik und Motorik, so läge die Lesegeschwindigkeit bei 700 bis 1000 Wörtern pro Minute. Die tatsächliche Lesegeschwindigkeit ist jedoch wesentlich niedriger und liegt etwa bei 100 bis 200 Wörtern pro Minute. Entscheidender Faktor für die mögliche Geschwindigkeit der Augenbewegungen und damit für die Lesegeschwindigkeit ist die Fähigkeit des Sprachverstehens, welche sich aus dem Alter und der Übung des Lesers, seinem Bildungsstand und der Komplexität des Textes konstituiert.
Man spricht unterschiedlichen Textsorten verschiedene Schwierigkeitsgrade zu, Gebrauchsanleitungen rangieren hierbei etwa zwischen wissenschaftlichen Abhandlungen und Fachliteratur, zwischen sehr schwer und schwierig. Je höher der Schwierigkeitsgrad eines Textes oder je niedriger die Fähigkeit des Sprachverstehens des Lesers ist, desto höher beläuft sich die Zahl der Fixationen und Regressionen pro Zeile und desto länger dauern auch die Fixationen. [1]

Auch das Präsentationsmedium des Textes ist von Bedeutung. So sind digitale Texte, die von einem Bildschirm abgelesen werden, sehr anstregend zu lesen, da das Auge bei dem Blick auf einen Monitor im Vergleich mit einem gedruckten Text wenige Möglichkeiten der Fixation findet. Die Augenaktivität nimmt ab, ebenso die sakkadischen Bewegungen, das Lesetempo ist stark herabgesetzt, der Leser ermüdet schneller, die Aufmerksamkeitsspanne ist kleiner. [2]

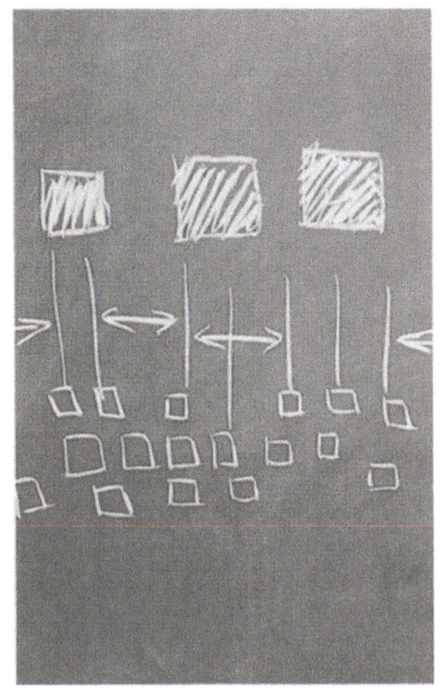

1 »*Schwierigkeitsgrade der unterschiedlichen Textklassen nach Mihm (1973):*
– sehr schwer: wissenschaftliche Abhandlung,
– schwierig: Fachliteratur,
– anspruchsvoll: Sachbuch, Roman (Buddenbrooks)
– normal: Roman (Stiller)
– einfach: Unterhaltungsliteratur (Winnetou)
– leicht: Heftchenroman
– sehr leicht: Comics«
Kösler, Bertram: *Gebrauchsanleitungen richtig und sicher gestalten*. Wiesbaden, 1992, Seite 100.

2 Schwere, Manfred: »Bildschirmtexte wenig einprägsam«, Seite N3.

Verarbeiten

Nachdem die Daten während des Lesevorgangs physisch erfasst wurden, sollen diese Daten sinngemäß verstanden, verarbeitet und gespeichert werden.

Ein Text setzt sich zusammen aus einzelnen Konstituenten, Bedeutungseinheiten, den so genannten Propositionen. Diese dem Text unmittelbar entnommenen Kleinstaussagen werden inhaltlich durch Schlussfolgerungen (Inferenzen) und Ausschmückungen (Elaborationen) erweitert, entsprechend ihrer Bedeutung in Gruppen zusammengefasst und auf diese Weise in einen Kontext eingefügt.
Sobald ein Datenfragment in einem nächstgrößeren Zusammenhang aufgeht, verliert der exakte Wortlaut dieser Einzelinformation an Bedeutung, wichtig ist der Inhalt der Gesamtaussage. So tritt das einzelne Wort hinter einem Teilsatz zurück, der Teilsatz hinter der Aussage des ganzen Satzes, der Satz hinter dem Textabschnitt.
Das Verstehen beginnt damit auf der niedrigsten Hierarchieebene, von der aus die Bedeutungseinheiten reduktiv zusammengefasst werden zu einer jeweils hierarchiehöheren, zunehmend abstrakteren, globalen Propositionsebene. Es wird so eine Textstruktur aufgebaut, ein hierarchisches geordnetes Netzwerk, in dem die Informationen auf unterschiedlichen Ebenen der Abstraktion und der Wichtigkeit nach gegliedert sind. Die Hauptaussage des Textes steht auf der höchsten Ebene und liefert den zentralen Zusammenhang.

Dieser Prozess des Textverstehens kann allerdings nur erfolgen, wenn der Leser mit den semantischen und syntaktischen Kodierungen der benutzten Sprache vertraut ist. Dies gilt für verbale Texte ebenso wie für visuelle Darstellungen. Der Leser muss die Zeichen als Buchstaben erkennen können und den Sinn der Worte verstehen, wenn er die Aussage eines Satzes erfassen will, er muss in der Lage sein, Einzelaussagen zu einander in Bezug zu setzen, sie zusammenzufassen. Ebenso muss er mit der Sprache von Abbildungen vertraut sein, so werden technische Zeichnungen auf eine andere Art *gelesen* als Fotos oder Illustrationen eines Prosatextes. Insbesondere Signets und Piktogramme weisen einen sehr hohen Abstraktionsgrad auf und müssen ähnlich wie Buchstaben als Zeichen *gelernt* werden.
Umfang und Art des Vorwissens beeinflussen die Qualität der Verarbeitungsprozesse entscheidend. Das Vorwissen stellt die Erwartungen und Leerstellen bereit, die durch den Text oder die Bilder gefüllt werden. Es liefert die Möglichkeit, die neu erworbenen Informationen in einem Sinnzusammenhang zu verankern, der inhaltlich weit über den reinen Informationsgehalt des Textes oder Bildes hinausgeht. 3

Entscheidend für das Verstehen eines Textes ist es auch, ob die Erwartungen des Lesers an den Text erfüllt werden. Ein Leser erwartet von einem technischen Text eine andere Wortwahl, Syntax und andere inhaltliche Strukturen als von einem literarischen Text.
Wenn ihm Informationen in einer Weise präsentiert werden, die nicht mit seinen Erfahrungen mit dieser Textsorte und den daraus resultierenden Erwartungen übereinstimmen, wird es ihm viel

schwerer fallen, die Informationen richtig aufzunehmen und zu verarbeiten. Wie das Wissen um Grammatik das Erfassen der Zusammenhänge eines Satzes erleichtert, so dient das Wissen um die Besonderheiten einer Textgattung als imaginäre Orientierungshilfe beim Erkennen der Superstrukturen. [4]

Speichern

Das menschliche Gehirn verarbeitet ankommende Informationen reduktiv. Sobald eine nächsthöhere Bedeutungsebene erreicht ist, können die Datenfragmente, die diese Bedeutungsebene konstituieren, *vergessen* werden. Es kann immer nur eine begrenzte Anzahl von Informationen gleichzeitig verarbeitet werden, das Kurzzeitgedächtnis ist in seinen Kapazitäten stark eingeschränkt: Eine Datenmenge zerfällt im Gedächtnis exponentiell. Es ist nicht ausreichend, erworbene Daten in ihrer Aussage zu verstehen, sie also in Informationen umzuwandeln; diese Informationen müssen mit Hilfe besonderer Strategien der Aufbereitung und Kategorisierung weiter verarbeitet oder regelmäßig aufgefrischt werden.

Schon während der Aufnahme von Daten, seien sie nun schriftlich fixiert oder mündlich übertragen, werden die ankommenden Reize vom Gehirn zu Bedeutungseinheiten gruppiert. Jeweils eine Reihe von Einzelinformationen wird *Sinn stiftend* in Datenbündel zusammengefasst. Auf diese Weise wird eine unübersichtliche Menge von Daten in eine erste Struktur gebracht und ist als solche leichter zu verarbeiten. Derart kodierte Informationen werden als *Chunks* bezeichnet. [5]

3 Eberleh, Edmund: »Komplementarität von Text und Bild«, in: Becker, Seite 75.

4 Kösler, Bertram: *Gebrauchsanleitungen richtig und sicher gestalten*, Seite 72 ff.

5 ebd., Seite 31 ff.

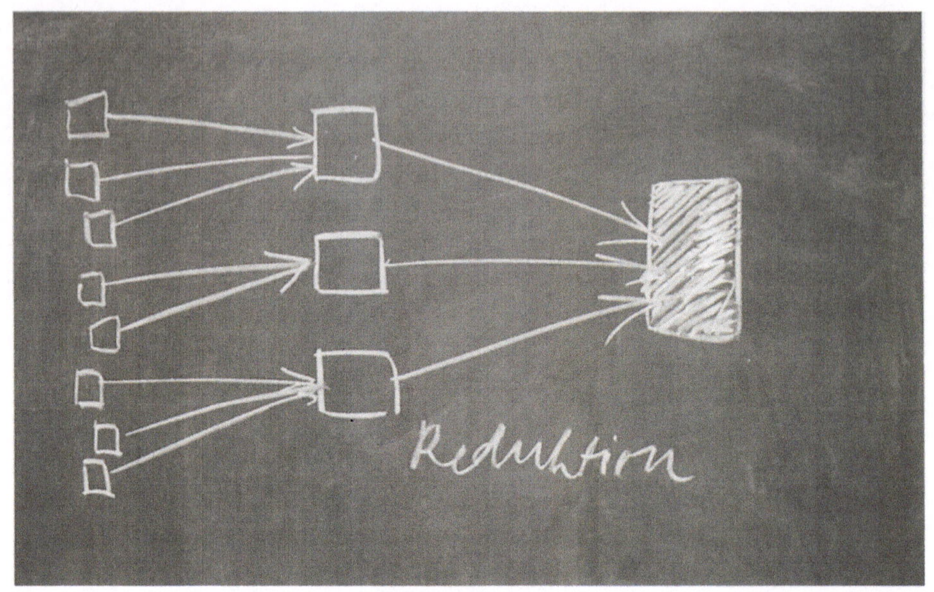
Reduktion

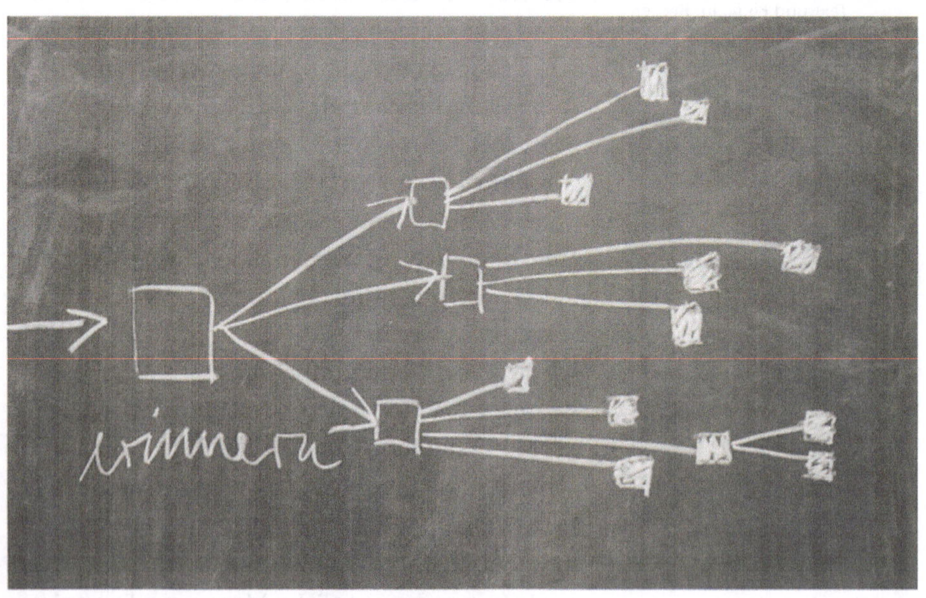
erinnern

Weil das menschliche Kurzzeitgedächtnis nicht in der Lage ist, mehr als etwa sieben dieser *Chunks*, d.h. Bedeutungseinheiten, zu speichern, müssen die Daten weiter komprimiert werden.

Vier bis fünf solcher Chunks können zu einer nächstgrößeren Einheit zusammengefasst werden, vier bis fünf dieser Einheiten zu einem weiteren Paket. Auf diese Weise kann eine große Datenmenge, deren einzelne Elemente zunächst auf einer einzigen Sinnebene stehen, hierarchisch organisiert werden. Als Bedeutungseinheiten können sowohl eine Reihe von Buchstaben oder Ziffern wie auch eine Wortfolge, mehrere Halbsätze, Sätze oder Gedankenstränge bezeichnet werden, abhängig davon auf welcher hierarchischen Ebene die Bedeutungseinheit betrachtet wird.
Die Folge eines solchen hierarchischen Gefüges ist eine bessere Erinnerungsleistung.

Erinnern

Es fällt leichter, eine Superstruktur zu erinnern, deren oberste Bedeutungsebene sich aus wenigen Elementen konstituiert. Jedes dieser Elemente kann Auslöser sein für eine niedrigere, detailliertere, inhaltliche Ebene. Daher ist es oftmals nur wichtig, die oberste hierarchische Ebene abzuspeichern. So wird die inhaltliche Bedeutung eines gelesenen Absatzes erinnert, nicht jedoch der syntaktische Aufbau der einzelnen Sätze, die Worte, die verwendet wurden, um die Sätze zu bilden, oder gar die einzelnen Buchstaben, aus denen sich die Worte zusammensetzten.

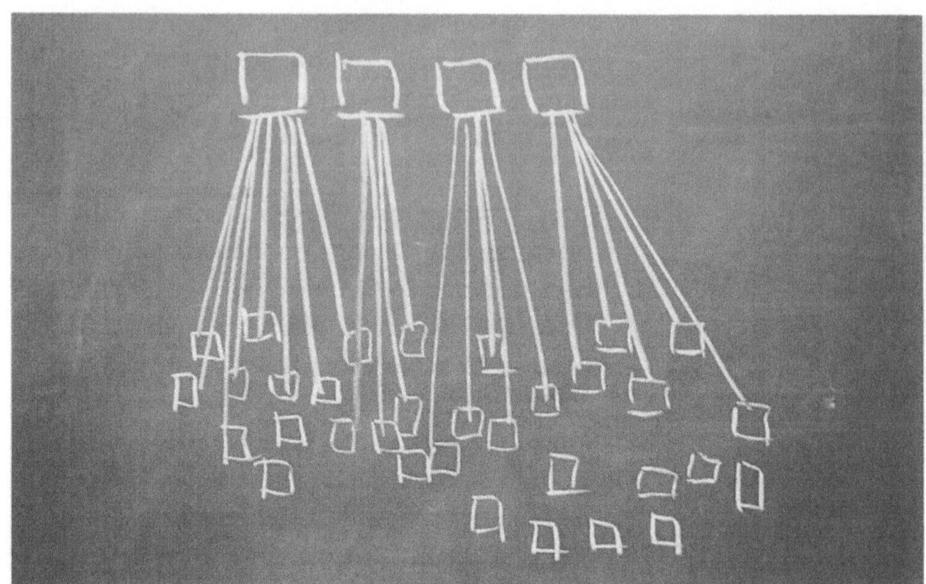

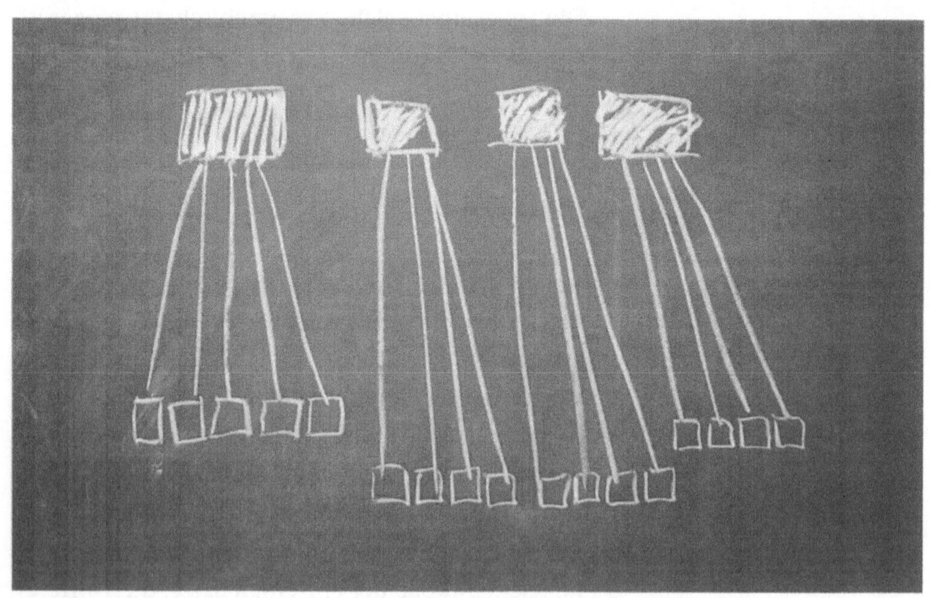

Diese hierarchische Struktur ähnelt stark den Wahrnehmungsvorgängen beim Lesen, lediglich der Zugriff erfolgt in umgekehrter Reihenfolge: Die Wahrnehmung beginnt auf der detailreichsten niedrigsten Ebene, mit dem Ziel alle Einzelheiten zu einer Hauptaussage zu vereinigen.
Das Erinnern der Informationen beginnt auf der obersten hierarchischen Ebene, wobei die Informationen auf dieser Ebene jeweils Auslöser sind, Einzelheiten der Unterebenen zu erinnern.

Strukturierte Daten sind Informationen

Diese Wahrnehmungs-, Verarbeitungs- und Erinnerungsprozesse sind weitgehend automatisiert. Eine externe Einflussnahme ist aber möglich, wenn Texte von vorneherein entsprechend aufgebaut werden: Konsequente Strukturierung erleichtert nicht nur den Informationsfluss und das Verstehen von Inhalten, sondern auch das Erinnerungsvermögen.
Solange Daten unstrukuriert und zusammenhanglos sind, können sie nicht informieren, ihre Bedeutung gewinnen sie im Bezug aufeinander.
Je besser Daten strukturiert sind, desto schneller kann ein Zusammenhang erkannt werden, können die Daten zu Informationen verarbeitet und diese Informationen verstanden werden.
Grundsätzlich lässt sich also formulieren:
data + structure = information.
Wenn die Inhalte von vornherein *bedeutungsvoll* gruppiert sind, wird das Gehirn nicht damit aufgehalten, Inhalte zueinander in Beziehung zu setzen und die wichtigen Informationen von den unwichtigen zu trennen.

Der Prozess des inhaltlichen Verstehens kann unmittelbar einsetzen. Eine sinnvolle Gliederung sollte übergeordnete und untergeordnete Informationseinheiten anbieten, sie muss einen einfach nachzuvollziehenden Weg zu gesuchten Informationen bereitstellen.

Für Gebrauchsanleitungen bedeutet dies:
Je besser und sinnvoller Informationen präsentiert werden, desto schneller wird der Betrachter in der Lage sein, diese Informationen in Handlungen umzusetzen und desto besser ist das Ziel einer Gebrauchsanleitung erfüllt. 6

Organisation durch Schemata

Menschliches Wissen ist in Form hierarchisch geordneter, aktiver Netzwerke gespeichert, welche als Ordnungsstrukturen funktionieren. Derartige Netzwerke existieren für Gegenstände, Begriffe, Ereignisse und Handlungen.

Schemata bezeichnen nicht nur angeborenes Verhalten, sondern vor allem erlernte Strategien; sie entwickeln sich langsam und wachsen mit den individuellen (Lebens-) Erfahrungen des Einzelnen. Einem neugeborenen Kind fehlen die meisten Kenntnisse und Fähigkeiten, die auf Erfahrungen und Nachahmung beruhen. Erst nach und nach entwickelt sich zusätzlich zum biologisch gespeicherten Wissen eine Wahrnehmung der Umwelt und der Mitmenschen, des kulturellen Umfelds. Dabei fungiert eine Kultur als Speicher oder Gedächtnis aller Verhaltenskodierungen, die sich in den Angehörigen dieser Kultur entwickelt

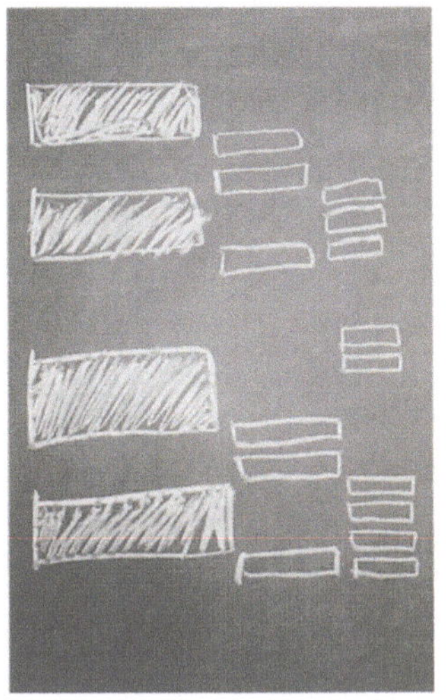

haben. Dies bedeutet, dass sich in unterschiedlichen Kulturkreisen oder unterschiedlichen sozialen Gruppen sehr verschiedene Schemata, kulturelle Codes, ausbilden und tradiert werden. [7] Schemata strukturieren das Wissen aus Erfahrungen, sie ermöglichen so ein in gewissem Maße automatisiertes Handeln, in bestimmten Situation kann auf schon vertraute Verhaltensmuster zurückgegriffen werden.
Es gibt Grundschemata, welche die Grundstrukturen der häufigsten angewandten Handlungen bezeichnen, sie werden ergänzt durch detaillierte Angaben zu seltener auftretenden Handlungen. Auch weisen die Grundschemata so genannte Leerstellen auf, die mit jeweils neuem korrespondierendem, detaillierterem Wissen gefüllt werden können.

Schemata sind also gespeicherte Konzepte von typischen Zusammenhängen, Skripte, die den Umgang mit Alltagssituationen erleichtern. [8] Schemata ermöglichen es, von auf den ersten Blick nicht zusammenhängenden Einzelbegriffen oder -handlungen unmittelbar auf den größeren Zusammenhang zu schließen.
(Von Lenkrad, Karosserie, Räder, Bremse auf *Auto* oder von Kellner, Bestellung, Rechnung auf *Restaurantbesuch* einschließlich der damit verbundenen Einzeloperationen wie Hinsetzen, Essen, Trinken, Mäntel holen usw).

Auch stehen vorhandene Schemata als Modelle für bislang nicht erfahrene Situationen und Handlungen zur Verfügung, wenn diese als vergleichbar mit schon bekannten Situationen eingeschätzt werden. [9]

6 Kösler, Bertram: *Gebrauchsanleitungen richtig und sicher gestalten*, Seite 77 ff.

7 Assmann, Aleida und Jan: »Das Gestern im Heute; Medien und soziales Gedächtnis«, in: Studienkolleg 11, Seite 52.

8 Ballstaedt, Steffen-Peter et al: *Texte verstehen, Texte gestalten*. München, 1990, Seite 40.

9 Kösler, Bertram: *Gebrauchsanleitungen richtig und sicher gestalten*. Seite 120, 123 ff.

Eine Gebrauchsanleitung ist demnach eine Hilfestellung zu einer Handlung, die im bisherigen Erfahrungsschatz des Lesers noch nicht als Schema verankert ist und für die offenbar auch bereits angelegte Schemata nicht ausreichen, um – ausgehend von den gegebenen Tatsachen – die richtigen Schlussfolgerungen zu ziehen.
Ziel einer Gebrauchsanleitung sollte sein, sich im positiven Sinne selbst überflüssig zu machen, indem beim Leser ein Schema angelegt wird, das ihn in die Lage versetzt, die notwendigen Handlungen auszuführen und idealerweise auch auf verwandte Aufgaben und Handlungen zu übertragen – ohne wiederholte Lektüre der Anleitung.

Kategorien von Informationen

Für eine Gebrauchsanleitung stellt sich nicht nur die Frage, wie und in welcher Reihenfolge und Kombination Informationen vermittelt werden sollen, sondern auch welche Art von Informationen notwendig ist, um den Leser ausreichend zu informieren, ohne ihn mit überflüssigen Details zu irritieren.
Werden alle für eine Handlung benötigten Informationen gegeben und stehen die Informationen an den richtigen Stellen eines Textes, dann unterstützen sie das Verstehen. Wenn dies nicht der Fall ist, behindern sie den Informationsfluss, weil der Leser entscheidende Informationen erst an anderer Stelle suchen muss.

Alle Arten von Informationen, visuell oder verbal, schriftlich fixiert oder oral, können in Kategorien eingeteilt werden.

Ausgangsdaten

— inventarische Informationen
Beschreibung von Objekten und Konzepten, die Namen der einzelnen Teile
es gibt zwei Kugeln

— deskriptive Informationen
detaillierte Beschreibung des Aussehens von Objektteilen, Erläuterungen zu Konzeptbestandteilen
eine Kugel ist rot, die andere blau

— räumliche Informationen
Auskunft über Ort, Richtung oder Raumaufteilung eines Objektes, Befindlichkeit eines Objektes in Bezug auf andere Objekte
die rote Kugel liegt auf dem Boden

— qualifizierende Informationen
detailliertere Auskunft zu anderen Informationen (z.B. im bildlichen Bereich als Bemaßungen innerhalb von Konstruktionszeichnungen)
die rote Kugel hat einen Durchmesser von 20 cm

— emphatische (betonende) Informationen
lenken die Aufmerksamkeit auf andere Informationen (Unterstreichungen im Text, Fettdruck, Kursivdruck; im Bild: dicke Linien, Pfeile, unterschiedliche Farben)
die rote Kugel ist <u>neu</u>

Konzeptuelle und logische Zusammenhänge zwischen Objekten und Kategorien

— kontextuelle Information
informiert über den Gesamtzusammenhang und das Ziel der Handlungen in Bezug auf vorausgegangene oder nachfolgende Informationen
die Kugeln waren auf den Boden gefallen

— kovariante Informationen
beschreiben die Beziehung zwischen zwei oder mehreren Objekten, die sich gleichzeitig miteinander verändern
die blaue Kugel rollt davon,
die rote bewegt sich nicht

Handlungsabläufe

— operationale Informationen
sollen eine Person zu einer Handlung veranlassen, explizit im Rahmen einer Aufforderung oder implizit anhand einer Explosionszeichnung o.Ä.
die blaue Kugel muss angehalten werden

— zeitliche Informationen
geben einen zeitlichen Ablauf einer Reihe von Zuständen oder Ereignissen wieder
bevor sie weggerollt ist

Abhängig vom Zusammenhang, in dem ein Text steht, sind bestimmte Informationen wichtiger als andere.
Für eine optimale Anleitung sind nur vier Klassen wirklich notwendig: inventarische, operationale, räumliche und kontextuelle Informationen. [10]

10 Kösler, Bertram: *Gebrauchsanleitungen richtig und sicher gestalten*, Seite 62.

Verbale Informationen

Das Hauptziel eines Anleitungstextes besteht darin, den Leser mit bestimmten Informationen zu versorgen. Der Leser soll motiviert werden, er muss aktiv in die Lese- und Denkprozesse eingebunden werden. Die Sprache eines Textes sollte daher mit Rücksicht auf den Leser gewählt werden. Auch die visuelle Erscheinung des schriftlichen Teils einer Anleitung kann entscheidend dazu beitragen, den Gedankenfluss des Lesers zu organisieren und damit den Verstehensprozess zu beschleunigen, oder im negativen Sinne die Vorteile eines gut geschriebenen und strukturierten Textes durch ein schlechtes Layout zunichte machen. Nachfolgend werden die wichtigsten Kriterien für die Verständlichkeit technischer Texte dargestellt.

Einfachheit der Sprache

Eine Gebrauchsanleitung ist eine sehr spezielle Textsorte, ein Instruktionstext mit dem Ziel der Informationsübertragung – nicht der Unterhaltung. Wichtiger als eine elegante Sprache oder interessante Wortwahl ist der Einsatz der Worte als Informationsträger.

Insbesondere Gebrauchsanleitungen haben jedoch den oft berechtigten Ruf der Unverständlichkeit: verschachtelte Sätze, zu viele wissenschaftliche Fachausdrücke, nicht eindeutige Formulierungen und Anweisungen, verwirrende Bild-Text-Bezüge.

Das mag daran liegen, dass technische Anleitungen per se schwierige Texte sind, es mag aber auch begründet sein in einer mangelhaften Übersetzung, einem begrenzten Einfühlungsvermögen der Autoren oder dem *»Imponiergehabe der Fachleute«*. 1 Die Leser von Gebrauchsanleitungen stehen diesen Texten also ohnehin skeptisch gegenüber, daher sollten sie so formuliert werden, dass es Spaß macht, sie zu lesen, ohne dabei anbiedernd oder betont fröhlich-aufgeräumt zu wirken. Wenn eine Gebrauchsanleitung den Leser abschreckt und einschüchtert, wird sie niemandem nützen.

Als Antwort auf die Frage Was ist Verständlichkeit? werden im *»Hamburger Verständlichkeitskonzept«* 2 vier Eckpunkte von Verständlichkeit aufgestellt, die sich als Kriterien für das Formulieren von verständlichen technischen Texten anwenden lassen.

— Einfachheit
  einfache Darstellung, kurze, einfache Sätze, geläufige Wörter, Erklärung der Fachwörter, konkret, anschaulich
— Gliederung/Ordnung
  äußere Gliederung, Übersichtlichkeit, Gliederung des Textes durch Absätze und Überschriften, Folgerichtigkeit des Textes,
— Kürze/Prägnanz
  Verhältnis von Aufwand und Nutzen, entspricht die Länge des Textes dem Informationsziel? aufs Lehrziel konzentriert, knapp, jedes Wort ist notwendig
— Zusätzliche Stimulanz
  lernpsychologisch bedeutsame motivierende Gestaltung der Information: anregend, abwechslungsreich, persönlich 3

Nicht alle vier Kriterien müssen gleichmäßig stark berücksichtigt werden, es kommt vielmehr auf eine sinnvolle Kombination an, da für die Verständlichkeit eines Textes Extreme in die eine wie die andere Richtung schädlich sind.

Bei Gebrauchsanleitungen handelt es sich um Texte, die sich mit für den Leser unbekannten, technischen Themen befassen. Es besteht daher von vornherein eine Unsicherheit aufgrund der Thematik, der Leser ist sich bewusst, dass er jeden Handlungsschritt genau verstehen muss, damit er sein Ziel erreicht. Um zusätzliche sprachliche und grammatikalische Verständnisschwierigkeiten auszuschließen, ist das Kriterium *Einfachheit* besonders wichtig: Die Konzentration und Hauptaufmerksamkeit des Lesers sollte sich nicht auf den Text, sondern auf das Objekt selbst richten.

Ebenso wichtig ist der Punkt *Gliederung/Ordnung*, da Gebrauchsanleitungen als Texte selektiv gelesen werden. Das bedeutet, bei einem speziellen Problem wird der Leser nicht die gesamte Anleitung lesen. Der Text muss so offensichtlich gegliedert sein, dass eine entsprechende Stelle anhand von Überschriften oder Kapiteln sofort gefunden wird. Inhaltlich zusammengehörige Informationen sollten auch in der Anleitung nah beieinander stehen.

Was *Kürze/Prägnanz* betrifft, so dürfen die Texte natürlich nicht weitschweifig und unübersichtlich werden, aber eine gewisse Redundanz ist schon deshalb notwendig, da man wie oben beschrieben davon ausgehen muss, dass ein Leser nur einen speziellen Absatz liest. Selbst wenn beispielsweise die zu diesem Abschnitt gehörenden Sicherheitshinweise an anderer Stelle in einer separaten

1 *»Prestigegewinn mit gelehrsamer Schwerverständlichkeit«*, Schulz von Thun, Friedemann: *Miteinander reden 1, Störungen und Klärungen*. Reinbek, 1981, Seite 140.

2 Schulz von Thun, Friedemann et al: *Sich verständlich ausdrücken*. München, 1982.

3 Schulz von Thun, Friedemann: *Miteinander reden*, Seite 150 f.

Rubrik ausführlich beschrieben werden, so muss trotzdem an dieser Stelle der Kontext vollständig sein. Hier muss im Einzelfall entschieden werden, ob es günstiger für den Leser ist, eine Information doppelt zu lesen oder zwischen zwei Textstellen hin und her blättern zu müssen.

Zusätzliche Stimulanz ist wichtig, um der Gebrauchsanleitung ein wenig Seele zu geben, die sie bei dem technischen Umfeld und der sehr erfolgsorientierten Ausrichtung leicht verliert. Sie soll den Leser *»nicht nur intellektuell, sondern auch gefühlsmäßig ansprechen«* 4, aber andererseits sollte man darauf achten, dass die Anleitung nicht mit launigen Beispielen verwirrt. Auch eine betont jugendliche Art, den Leser zu adressieren, ein zu lockerer Tonfall in der Beschreibung der Handlungen kann den Eindruck mangelnder Seriosität erwecken. Dem Leser erscheint die Anleitung dann nicht mehr kompetent.

Gliederung

Anleitungen sollen dem Leser neue Kenntnisse zu einzelnen Handlungsschritten vermitteln, dementsprechend muss der Text gemäß der kleinsten Anwendungssituation gegliedert sein. Die Gliederung folgt dem tatsächlichen Handlungsablauf, sie ist gebrauchsorientiert sequenziert. Dann kann der Leser dem Text Handlungsschritt für Handlungsschritt folgen, er kann einerseits schnell feststellen, ob er eine Information gerade benötigt, und findet andererseits aufgrund der feinen Gliederung sofort wieder in den Text zurück, wenn er Passagen überspringt oder nach einer bestimmten Fragestellung sucht. 5

Überschriften

Um die Wirkung einer gebrauchsorientierten, kleinstufigen Gliederung zu unterstützen, sollten Überschriften als Element der kontextuellen Einordnung angeboten werden.

Je nach Ausgangspunkt des Anwenders wird möglicherweise ein unterschiedlicher Zugang zu einer Anleitung benötigt. Ausgehend von einer Fehlersituation, in der Hilfe gesucht wird, wird eine Anleitung beispielsweise ganz anders verwendet als in der Situation, in der ein Produkt neu erworben wurde und man sich nur generell mit den Fähigkeiten des Produktes befassen möchte. Die Kennzeichnung durch Überschriften erleichtert es dem Benutzer, Texteinheiten mit den entsprechenden Handlungseinheiten zu verknüpfen, der Verarbeitungsprozess wird dadurch gesteuert, dass Inhalte angedeutet und Erwartungen aktiviert werden. Überschriften sollten daher die jeweiligen Inhalte widerspiegeln und selektives Lesen ermöglichen. Überschriften wie *Kapitel 1* oder witzig-reißerische Aufmacher sind sinnlos, da der Leser nicht erkennen kann, ob sich der folgende Abschnitt für ihn zu lesen lohnt oder nicht. Eine Ausnahme bilden Überschriften, die nicht Bezug auf den nachfolgenden Text nehmen, die aber stattdessen die Makrostruktur eines Textes widerspiegeln: *Einleitung*, *Begriffsbestimmung* oder *Zusammenfassung*, da auch diese Überschriften die Funktion als Indikatoren für Wege in einen Text erfüllen. Wenn das Inhaltsverzeichnis wie ein Bauplan des Textes funktioniert, entfällt die Suche nach Informationen. Allerdings dürfen Abschnitte nicht so kleinstufig angelegt werden, dass in einer Fülle von Haupt- und Unterüberschriften jede Übersicht verloren geht. [6]

4 Schulz von Thun, Friedemann: *Miteinander reden*, Seite 146.

5 Zieten, Werner: *Gebrauchs- und Betriebsanleitungen: direkt, wirksam, einfach und einleuchtend.* Landsberg, Lech, 1990, Seite 53 ff.

6 Kösler, Bertram: *Gebrauchsanleitungen richtig und sicher gestalten*, Seite 88 ff.

Handlungsorientierte Informationsfolge

Die konsequente Gliederung eines Textes hat nicht nur den Vorteil, dass sich der Anwender schneller in der Gebrauchsanleitung zurechtfindet und schneller einen Überblick über die Inhalte und Ziele der Anleitung erhält. Je mehr sich die Struktur einer externen Anleitung den hierarchischen Kodierungen des Hirns annähert, umso einfacher und direkter wird sie aufgenommen, es fällt leichter, Anweisungen in konkrete Handlungen umzusetzen.

Eine Gebrauchsanleitung hat immer ein übergeordnetes Ziel, welches über eine Reihe von Zwischenzielen erreicht werden soll, welche wiederum durch Abfolgen von Unterzielen konstituiert werden. [7]

Es erscheint daher sinnvoll, die Hauptinformation, das Ziel der Anleitung, d.h. eine allgemeine Beschreibung der auszuführenden Handlung, an den Anfang zu setzen. Die Nennung des Zieles einer Anleitung ist deshalb wichtig, um die nachfolgenden Handlungsschritte mit einem übergeordneten Sinn und Nutzen zu füllen. Mit dem Wissen um das angestrebte Endergebnis, *goal information*, kann der Leser alle einzelnen Handlungsschritte sofort im richtigen Kontext wahrnehmen.
Von Anfang an kann er neu erworbene Informationen mit schon vorhandenem Wissen abgleichen und so feststellen, ob die neuen Informationen nur Varianten schon angelegter Schemata sind oder ob er neue Skripte erstellen muss.
Würde er die einzelnen Operationen, *action information*, die unter Umständen wenig spezifisch

7 Ballstaedt, Steffen-Peter: »Die bildliche Darstellung von Handlungen in technischen Dokumenten«, in: Schwender, Seite 69.

8 ebd., Seite 70 f.

sind, losgelöst aus dem Gesamtzusammenhang aufnehmen, müsste er zunächst alle Informationen abspeichern. Erst im Nachhinein, mit dem Erreichen des Zieles, könnte er erkennen, welche Informationen neu und wichtig waren und welche hingegen nicht hätten memoriert werden müssen. Zusätzlich können Überschriften vorhandene Schemata abrufen. Wenn die Abfolge von Überschriften auch für die Abfolge einer Reihe von Handlungsschritten steht, dann kann mit einem Blick eine schon bekannte Handlungskette in ihrer Reihenfolge aufgerufen oder überprüft werden. Überschriften aktivieren dann das jeweils dazugehörige Datenbündel, ohne dass noch einmal die Anleitung im Detail gelesen werden muss.

Von der obersten hierarchischen Ebene, dem Ziel der Anleitung, absteigend, repräsentiert jedes Element der Handlungshierarchie einen neuen, detaillierteren Handlungsschritt, der wiederum auf einer niedrigeren hierarchischen Ebene in weitere Handlungsschritte aufgeteilt sein kann. Man unterscheidet hierbei zwischen komplexen Tätigkeiten, einzelnen Handlungen und einfachen Operationen. 8

Grundsätzlich lässt sich selbst eine einfache Handlung wie das Öffnen einer Tür in einer Vielzahl sehr detaillierter Operationen beschreiben, bis hin zu den Muskelbewegungen in den Händen oder der Bewegung der Augen. Dies ist nicht notwendig, da bestimmte Operationen als allgemein bekannt vorausgesetzt werden können. Würden sie minutiös beschrieben, könnte das in einer Gebrauchsanleitung eher verwirren und ablenken. Der Leser erwartet Informationen zu Handlungen, die er noch nicht beherrscht. Müsste er diese erst aus einem Meer von schon Bekanntem herausfischen, würde der Verständnisprozess sehr verlangsamt werden.

Es muss daher die Balance gehalten werden zwischen notwendiger Detailfreude und überflüssigen Einzelheiten. Auch hier spielt die schwer einzuschätzende Zielgruppe eine Rolle: Leser mit ganz unterschiedlichem Vorwissen werden beispielsweise eine Anleitung für einen Videorekorder lesen. Während bei einer mündlichen Anleitung inhaltlich und formal auf den individuellen Wissenstand eingegangen werden kann, muss eine schriftliche Anleitung sich für eine Ebene der Darstellungskomplexität und der sprachlichen Ausführung entscheiden. Ballstaedt formuliert die Faustregel *»Geläufige Kulturtechniken können global, ungeläufige müssen detailliert dargestellt werden.«* [9] Zentrale Ziele sollten vorweg benannt werden, um dem Leser das Auslassen ihm bekannter Informationen zu ermöglichen. Die Nennung der einzelnen Handlungsschritte sollte in jedem Fall der tatsächlich benötigten Reihenfolge folgen.

8 Ballstaedt, Steffen-Peter: »Die bildliche Darstellung von Handlungen in technischen Dokumenten«, in: Schwender, Seite 70 f.

9 ebd., Seite 71.

Wenn …, dann …

Es erscheint sehr einleuchtend, eine Handlungskette in ihrer logischen Reihenfolge darzustellen, schwierig wird es erst, wenn die Handlungskette nicht an allen Punkten linear verläuft, sondern Verzweigungen aufweist.
Dies geschieht bei Wenn-Dann-Situationen, wenn beispielweise bei einer Fehlerbehebung ausgehend von einer Situation verschiedene Aktionen verschiedene Reaktionsmöglichkeiten beinhalten,

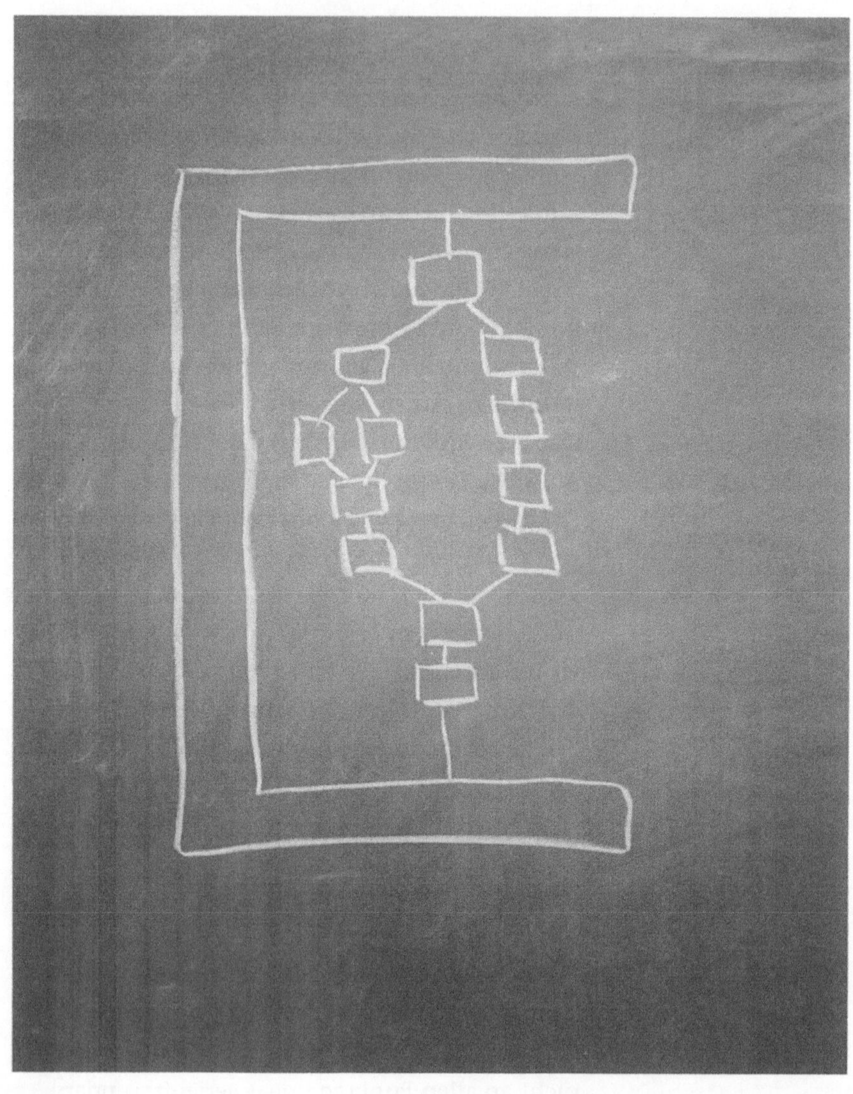

die am Ende jedoch zu demselben Ergebnis führen sollen. Oder es gibt eine Folge von Anweisungen, die zum Teil in einer frei wählbaren Reihenfolge und zum Teil in einer bestimmten Reihenfolge erledigt werden müssen.
Für das Modell der hierarchisch gegliederten Anweisungen bedeutet das, dass sich Anweisungen von einer höheren Ebene auf eine niedrigere detailliertere Ebene in zwei oder mehr in sich wiederum lineare Handlungsketten verzweigen.
In welcher Reihenfolge werden dem Anwender diese unterschiedlichen Handlungsketten mitgeteilt? Zuerst alle Anweisungen, die sich an einer Handlungskette befinden, oder zuerst alle, die auf einer Ebene, aber in unterschiedlichen Handlungsketten liegen?

Für den Textaufbau in Gebrauchsanleitungen muss dazu geklärt werden, welche Vorgehensweise dem Lese- und Aktionsverhalten des Benutzers entspricht und welche Darstellung demzufolge zur erfolgreichsten Ausführung der Anleitung führt.
In den meisten Fällen wählt der Leser den *depth-first approach*, was bedeutet, dass er zunächst die Anweisung aller Ebenen einer Verästelung befolgt, bevor er die Anweisung des nächsten Zweiges umsetzt.
Eine Ausnahme bildet die oberste Ebene vor einer Verzweigung: Hier wird es als sinnvoll empfunden, einen *breadth-first approach* zu wählen, es sollte ein kurzer Überblick über die unterschiedlichen Möglichkeiten der Handlung präsentiert werden, bevor sie dann einzeln umfassend dargestellt werden.

Seiteneinteilung

Unabhängig von der sprachlichen Formulierung einer Anleitung wird auch die visuelle Erscheinung das Verständnis fördern oder beeinträchtigen.

Entscheidungen über das Format und den Umfang einer Gebrauchsanleitung sollten im Hinblick auf den Einsatzort und -situation getroffen werden. Soll sie transportabel und wetterfest sein oder ein Nachschlagewerk für das Bücherregal? Eine nur einmal benötigte Anleitung zum Zusammenbau eines Gerätes kann möglicherweise direkt auf die Verpackung gedruckt werden, Sicherheitshinweise, über die der Nutzer sich immer bewusst sein sollte, direkt auf das Gerät selbst.

Zusammengehörende Informationen sollten nebeneinander auf einer Doppelseite stehen, auch dies kann bei der Wahl des Formats eine Rolle spielen: Die Anleitung ist dann unter Umständen in einem größeren Format etwas unhandlicher und trotzdem praktischer, weil nicht zwischen den Informationen hin und her geblättert werden muss.
Je umfangreicher der Textanteil einer Anleitung, desto wichtiger ist ein ausgewogenes Seitenraster und ein passender Satzspiegel. Weißraum und kluge Spalteneinteilungen ermöglichen Lese- und Denkpausen. Insbesondere bei einem schwierigen technischen Text darf der Leser nicht durch ununterbrochene breite Spalten Text eingeschüchtert werden.
Ein Inhaltsverzeichnis, Seitenzahlen, Fußnoten und Verweise auf andere Textstellen werden zu Navigationshilfen innerhalb des Textsystems.

Sinngemäße Gestaltung

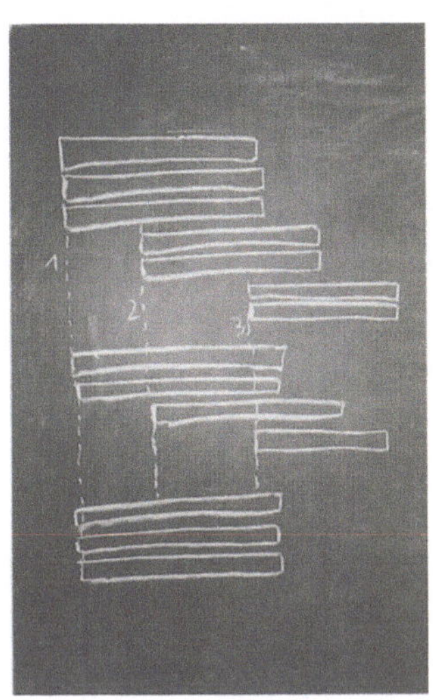

Beim Lesen des Textes zerlegt der Rezipient jeden Satz in seine Konstituenten, d.h. in die kleinste inhaltliche Einheit, meistens in die Teilsätze, um den Bedeutungsinhalt zu ermitteln.
Sätze, in denen inhaltliche Abschnitte typografisch so gestaltet sind, dass sie auch formal sofort als Bedeutungseinheit zu erkennen sind, werden schneller verstanden. Es ist also wichtig, Zeilen *bedeutungsvoll* zu umbrechen, idealerweise wird eine Konstituente zusammenhängend, d.h. in einer Zeile, dargestellt.
Während eine Handlung von der anderen durch einen Absatz getrennt ist, lässt sich mit Einzügen die Einteilung des operationalen Ablaufes eines Handlungsschrittes in der Gestaltung fortsetzen. In der Hierarchie gleichwertige Konstituenten werden gleichwertig behandelt, das bedeutet, sie erhalten den gleichen Einzug oder sind in der gleichen Schriftgröße gesetzt oder gleich ausgezeichnet.

Das konsequente Visualisieren der Hierarchien hat den Vorteil, dass der Leser, wenn er kurz die Gebrauchsanleitung verlassen muss, um die entsprechende Handlung am Gerät auszuführen, wieder leichter an die Stelle zurückfinden wird, an der er die Anleitung verlassen hatte. [10]

Essen 22 f.
Trinken 24 f.

10 Kösler, Bertram: Gebrauchsanleitungen richtig und sicher gestalten, Seite 164.

AA

Schrift

Was die Wahl der Schrift betrifft, so gibt es nicht die eine, am besten lesbare Schrift, auch gibt es kein richtig oder falsch, was die Entscheidung für eine Grotesk oder eine Antiqua betrifft.

Generell wurde festgestellt, dass ein Schrifttyp lesbarer ist, je weiter er verbreitet ist. Daraus wurde lange Zeit gefolgert, Helvetica und Times als etablierteste, weil am häufigsten verwendete Schriften seien die lesbarsten. In gewisser Hinsicht ist das richtig, wenn man davon ausgeht, dass eine Form, die allgemein bekannt ist, schneller gelesen werden kann als eine, die aufgrund ihrer besonderen Eigenheiten erst *erlernt* werden muss. Eine Antiqua mit sehr starken Kontrasten in den Strichstärken ergibt ein unruhigeres Schriftbild als eine Schrift mit relativ gleichmäßigen Strichstärken, kursive und fette Schnitte sind in längeren Texten anstrengender zu lesen als normale Schnitte.
Die ausschließliche Verwendung von Versalien in einem Text verringert die Lesegeschwindigkeit um etwa 12% und wird vom Leser als unangenehm empfunden. [11]

Da wir mittlerweile im täglichen Leben mit einer unglaublichen Schriftenvielfalt konfrontiert sind, sollte bei der Schriftwahl vor allem darauf geachtet werden, dass die Buchstabenformen nicht zu ausgefallen oder experimentell sind, ein gleichmäßiges, angenehmes Schriftbild ergeben und die Schrift für größere Mengen Text und die entsprechenden Punktgrößen geeignet ist. Die Strichstärken sollten wenig kontrastreich, die Zeichen weder extrem schmal noch sehr weit geschnitten sein.

11 Beimel, Matthias/Lothar Maier: Optimierung von Gebrauchsanweisungen. Dortmund, 1986, Seite 39.

Natürlich hängt es im Einzelfall von der gewählten Schrift ab, welches die optimal lesbare Punktgröße ist, als Richtwert kann gelten, dass Größen zwischen 9 und 11 Punkt gut lesbar sind, kleinere und größere Schriftgrößen reduzieren wiederum die Lesegeschwindigkeit.
Der Durchschuss sollte so gewählt werden, dass die Zeilen nicht zu eng aufeinander stehen, aber auch nicht so weit auseinander, dass sie optisch auseinander zu fallen scheinen, da dies, ebenso wie das zu starke Spationieren der Schrift, die Lesbarkeit herabsetzt.

Zu lange Zeilen erhöhen die Anzahl der Blickregressionen, zu kurze die Anzahl der Fixationspausen, beides reduziert die Lesegeschwindigkeit und wird vom Leser als unangenehm empfunden.
Eine Gebrauchsanleitung wird meist aus relativ kurzen Handlungsanweisungen bestehen, oft aus Halbsätzen oder Aufzählungen. Es ist sinnvoll, diese kurzen Texte in erster Linie inhaltlich sinngemäß, entsprechend der Bedeutungseinheiten, der Satzteile oder einzelnen Worte, zu umbrechen, also eher im Flattersatz als im Blocksatz zu setzen, um dem Leser ein schnelles Erfassen der inhaltlichen Aussage des Satzes zu ermöglichen. 12

Typografische Auszeichnungen

Gerade in Gebrauchsanleitungen ist es wichtig, bestimmte Informationen im Text zu betonen und hervorzuheben.
Dabei bietet es gestalterische Vorteile, wenn eine Schrift gewählt wird, die zu einer größeren Schriftenfamilie gehört, so dass Überschriften oder Auszeichnungen im Text mit einem kursiven, mageren oder fetten Schnitt der gleichen Schrift vorgenommen werden können. Während beispielsweise ein fetter Schnitt bei längeren Abschnitten ebenso wie Kursive die Lesegeschwindigkeit senkt, so wird bei einem punktuellen Einsatz die Erkennbarkeit der einzelnen Zeichen erhöht.
Genauso kann eine Kombination von einer Antiqua und einer Grotesk für Fließtext und Bildunterschriften die inhaltliche Ordnung eines Textes visuell unterstreichen. Bei der Verwendung verschiedener Schriften ist darauf zu achten, dass die Schriften sich stark genug von einander unterscheiden, um einen Kontrast zu erzeugen. Schreiben 28 ff.

12 Westendorp, Piet: »Sind Ihre Gebrauchsanleitungen brauchbar?«, in: Westendorp, 1989, Seite 31.

Wenn allerdings zu viele Mittel der Hervorhebung nebeneinander verwendet werden, wie unterschiedliche Schrifttypen und Fettung und Kursive und Unterstreichungen und farbige Markierungen und unterschiedliche Schriftgrößen und Einzüge und diakritische Auszeichnungen wie Pfeile und Punktierungen, wird ein Text unübersichtlich.

Ebenso wichtig ist eine konsequente Auszeichnung: Sicherheitshinweise sollten grundsätzlich gleich markiert werden, so auch Überschriften. Eine Systematik der Hervorhebung kann sich nur dann wirkungsvoll etablieren, wenn sie nicht immer wieder unterbrochen wird. Jede Unregel-

mäßigkeit muss vom Leser neu erlernt und verstanden werden und verlangsamt so das Verstehen und Verarbeiten der Inhalte.

In der Kombination von Text und Abbildungen ist darauf zu achten, dass sich die Hervorhebungen von Text und Bild nicht widersprechen, wenn beispielsweise die Gefahrenhinweise im Text hellgrau unterlegt sind, in der Abbildung jedoch die korrespondieren Details rot markiert sind.

a)
b)
c)

Visuelle Informationen

Wichtigstes Merkmal von Abbildungen in Gebrauchsanleitungen sollte ihre kompromisslose Ausrichtung als Informationsträger sein. Die gestalterische Ästhetik sollte selbstverständlich sein, tritt im Zweifelsfall aber hinter der Zweckmäßigkeit des erfolgreichen und sicheren Informationstransfers zurück. Es erscheint sinnvoll, ähnlich den Kriterien für die Verständlichkeit von technischen Texten auch für die Gestaltung von Abbildungen Grundregeln zu formulieren.

Gestaltgesetze

Es gibt gewisse Gesetzmäßigkeiten in der menschlichen Rezeption von Bildern, die das Wahrnehmungsfeld organisieren. Eine Nichtbeachtung oder Integration dieser Gesetzmäßigkeiten kann sich unmittelbar negativ oder positiv auf die Verarbeitungsprozesse auswirken.

Beim Betrachten einer Abbildung werden die wahrgenommenen Objekte zur besten, einfachsten und stabilsten Organisation hin gestaltet. Objekte werden einerseits aufgrund formaler Eigenschaften als zusammengehörig wahrgenommen, andererseits erscheinen Objekte mit verschiedenem Aussehen oder unterschiedlicher Bewegung als getrennte Objektgruppen. Bei aneinander gereihten Elementen versucht der Betrachter ein Muster zu erkennen, um so die Vielzahl der

Einzelelemente auf eine Hauptform zu reduzieren. Figuren, wie beispielsweise ein unterbrochener Kreis, werden als geschlossen wahrgenommen, ebenso werden sich überlappende Gegenstände vom Betrachter gedanklich zu ihrer Gesamtform ergänzt. 1

Aufstehen 14 f.

Bildgröße

Bilder in Gebrauchsanleitungen sollen schnell *zu lesen* sein, damit die Informationen unmittelbar erfasst werden können.
Für die Verwendung von Abbildungen bedeutet dies, die optimale Bildgröße zu berücksichtigen, die es ermöglicht, tatsächlich auf einen Blick die relevanten Daten aus einem Bild zu entnehmen.

Ausgehend vom üblichen Betrachtungsabstand des Lesers von der Vorlage, dem Leseabstand, der bei etwa 25 cm liegt, vom Auflösungsvermögen des menschlichen Auges und dem Schärfeverlust am Rande des Sehfeldes sowie der Strichstärke der wichtigen Elemente der Zeichnung, die mindestens 0,18 mm betragen sollte, kann berechnet werden, dass die ideale Bildgröße bei etwa 5 cm Höhe und 7 cm Breite liegt. 2 Wird diese Größe wesentlich überschritten, hat dies zur Folge, dass der Betrachter unter Umständen nicht mehr auf Anhieb die wichtigsten Informationen erkennen kann: Damit ginge ein Vorteil von Bildern gegenüber sprachlicher Darstellungen verloren, die Aussage verlöre an Prägnanz.

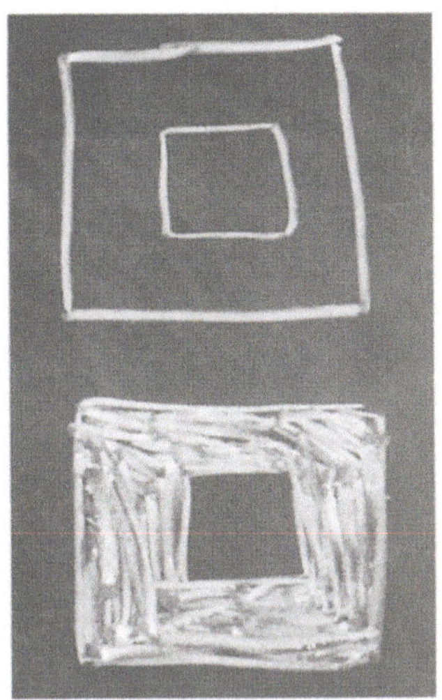

1 Eberleh, Edmund: »Komplementarität von Text und Bild«, in: Becker, Seite 77.

2 Kösler, Bertram: *Gebrauchsanleitungen richtig und sicher gestalten,* Seite 216 ff.

3 ebd., Seite 204 ff.

Bildhintergrund

Die Verarbeitung visueller Information verläuft vom globalen zum spezifischen Niveau: Die Figur-Grund-Wahrnehmung ist global, sie ist die wichtigste Wahrnehmungsfunktion und geht der Verarbeitung einzelner Details voraus, sie erfolgt automatisch und sofort. Daher ist es für die Wahrnehmung (Verstehen) eines Bildes essenziell, dass der Betrachter den Hintergrund zweifelsfrei und sofort vom Vordergrund unterscheiden kann, um Bezüge zwischen den einzelnen Elementen eines betrachteten Bildes herzustellen. Erst wenn der Betrachter eindeutig den Hintergrund und die dargestellten Objekte identifizieren konnte und alle Elemente kategorisiert sind, kann er mit der Auswertung des Dargestellten, der Strukturanalyse des Objektes, beginnen.

Ziel muss also sein, den Hintergrund möglichst deutlich vom Vordergrund zu trennen. Für den Gestalter bedeutet dies erneut eine Rücksichtnahme auf traditionelle Sehgewohnheiten, so werden in der Regel helle Elemente einer Abbildung als Vordergrund, dunkle Elemente dagegen eher als Hintergrund erkannt. Für die reduzierte – technische – Abbildung in einer Gebrauchsanleitung bietet sich daher an, den Hintergrund zwar nicht schwarz, aber doch in einem grauen Fond zu halten, auf dem die weißen Objekte, unter Umständen mit schwarzen Umrandungen oder Binnenzeichnung, als Hauptelement des Bildes wahrgenommen werden können. [3]

Foto, Zeichnung oder Symbol?

Der Mensch hat grundsätzlich ein eher visuell ausgerichtetes Gedächtnis, visuell dargestellte Informationen werden schneller erfasst als verbale, sie können mit sehr viel geringerer bewusster Anstrengung verarbeitet werden und bleiben länger im Gedächtnis haften.

Insbesondere Bilder, die sich auf konkrete Sachverhalte beziehen, weisen eine höhere und eindeutigere Aussagekraft auf als vergleichbare Texte. Fotos als unmittelbare Abbilder der Realität können dabei auch von Personen auf Anhieb verstanden werden, die im Umgang mit technischen Illustrationen und ihrer Dekodierung unerfahren sind. Auch das Vermögen, den Inhalt von fotografischen Darstellungen zu erinnern, ist größer als bei zeichnerischen Darstellungen.

Die Vorteile eines Fotos aufgrund dieser Realitätsnähe werden allerdings ausgeglichen durch die Nachteile des zu niedrigen Abstraktionsgrades. Fotos enthalten *unpassende Details*, Kleinigkeiten im Hintergrund oder bei den Objekten selbst, die mit den tatsächlich zu vermittelnden Informationen nichts direkt zu tun hatten, wie ein seltsames Tapetenmuster oder ein auffälliges Hundehalsband, die aber den Blick des Betrachters zuerst auf sich ziehen und so den beabsichtigten Informationsfluss stören. Fotos mit ihrer etwa 30-mal höheren Informationsdichte als Strichzeichnungen sind daher erheblich störanfälliger bei der Informationsübertragung.

Im Gegensatz zu Zeichnungen ist es in Fotos schwieriger, wichtige Details beispielsweise durch Überzeichnung oder Auslassung zu betonen. Die Menge der Informationen kann zwar vom Betrachter unter Gesichtspunkten wie Vordergrund/

Hintergrund, Bildmittelpunkt/Bildrand und Licht/ Schatten untersucht und kategorisiert werden, die Bedeutungshierachie wird aber nur unter idealsten Bedingungen so offensichtlich sein wie in einer Zeichnung.
Auch die perspektivische Verzerrung kann bei einem fotografischen Blick auf ein Objekt nur begrenzt beeinflusst werden.

Fotografien sind stärker als zeichnerische Darstellungen *historisch verankert*. Während in Zeichnungen eine visuelle Neutralität gewahrt werden kann, was die Abbildung von Mode, Kleidung und Frisur und anderen von Zeitgeist und Geschmack geprägten äußeren Merkmalen angeht, so ist jedes Foto ein historisches Dokument. Außerdem bietet sich – im Sinne der internationalen Anwendbarkeit – nicht die Möglichkeit, die Darstellung vom Menschen zu generalisieren: Ein Foto stellt entweder einen Westeuropäer, einen Asiaten, einen Afroamerikaner oder einen Hispanier dar, eine Zeichnung kann derartige Details in den Hintergrund stellen und auf diese Weise das Identifikationspotenzial wesentlich erhöhen.
Die Gründe, die gegen Fotos und für eine zeichnerische Darstellung angeführt werden, sprechen insbesondere für reduzierte Strichzeichnungen, die in der Regel besser zu verstehen sind als detailreiche, realitätsnahe Zeichnungen. Allerdings darf die Stilisierung nicht so weit getrieben werden, dass das Bild aus seinem wirklichkeitsentsprechenden Zusammenhang losgelöst wird, so dass der Betrachter möglicherweise nicht mehr in der Lage ist, die Darstellung in einen realen Kontext zurückzuführen. In letzter Zeit hat sich, beeinflusst von den technischen Entwicklungen und den Möglichkeiten, Illustrationen direkt am Computer digital zu erstellen, ein relativ nüchtern-kühler

Illustrationsstil durchgesetzt. Einerseits vermitteln derartig emotionslose Abbildungen den Eindruck von *Richtigkeit* und Seriosität. Je reduzierter eine Zeichnung ist, desto wirkungsvoller ist es auch, wichtige Elemente durch den Wechsel von Linienstärken oder Farben hervorzuheben. Es besteht jedoch die Gefahr, dass die Abbildungen, ähnlich wie zu kurzer, zu nüchterner Text, langweilig wirken und jeglichen visuellen Reiz verlieren. Auch bei Abbildungen sollte insofern das Kriterium *Kürze/Prägnanz* gegenüber dem der *zusätzlichen Stimulanz* abgewogen werden.

Im Vergleich zu Zeichnungen verweisen Symbole nicht mehr auf einen speziellen Gegenstand selbst oder auf eine kontextuell erforderliche Handlung, sondern auf allgemeine Zusammenhänge, die sich aus dem Umgang mit dem jeweiligen Gegenstand oder dieser Kategorie von Gegenständen ergeben. Symbolhafte Darstellungen können aufgrund ihrer doppelten Kodierung problematisch sein. Die erste Kodierung erfolgt beim Transfer der Information von der Realität in eine Zeichnung, die zweite Kodierung in der Abstrahierung von der Zeichnung auf ein Symbol, d.h. ein Zeichen, das nicht intuitiv zu verstehen ist, sondern wie eine Sprache erlernt werden muss, dessen Bedeutung sich durch einen vereinbarten Code zwischen Sender und Empfänger konstituiert.
Wenn also ein Symbol nicht eindeutig ist oder seine Bedeutung nicht allgemein verbreitet, wird es zu größeren Verständnisschwierigkeiten kommen, als wenn dieser Sachverhalt verbal formuliert worden wäre. Bei Gefahrenhinweisen bietet es sich jedoch beispielsweise an, mit Symbolen zu arbeiten, weil sich in diesem Themenbreich über die Zeit hinweg Zeichen etabliert haben, die allgemein verstanden werden. [4]

4 Kösler, Bertram: *Gebrauchsanleitungen richtig und sicher gestalten*, Seite 174 f.

Bildfehler

Bei der Konstruktion von Strichzeichnungen können, im Gegensatz zu Fotos, Fehler auftreten. Diese Fehler beeinträchtigen die korrekte Informationsübertragung, das Erfassen der dargestellten Inhalte verlangsamt sich, das Verständnis wird erschwert.
Wie beim Lesen eines Satzes, der auch sofort in Subjekt, Prädikat, Objekt usw aufgeteilt und verstanden wird, werden beim Betrachten eines Bildes zunächst die dargestellten Elemente vom Bildhintergrund unterschieden, danach die Bildelemente in Einheiten beziehungsweise Objekte eingeteilt, diese Einheiten werden dann im zweiten Schritt zueinander in Beziehung gesetzt. In dieser Beziehung konstituiert sich die Bildaussage. Neben Gesetzmäßigkeiten, die die Wahrnehmung von Formen und Flächen beeinflussen, lassen sich auch bildsemantische und -syntaktische Regeln formulieren, die wichtig sind bei der Umsetzung von noch nicht inhaltlich verankerten Formen zu sinnvollen Informationen über Objekte und ihr Verhältnis zum Umfeld:

- *Objekte neigen dazu, auf Unterlagen zu ruhen, ›schwebende‹ Objekte lösen Irritationen aus.*
- *Objekte verdecken ihren Hintergrund, sind nicht durchsichtig, d.h., der Hintergrund ist nicht durch das davorstehende Objekt sichtbar.*
- *Gegenstände neigen dazu, nur in bestimmten Umgebungen vorzukommen, in fremden Umgebungen erscheinen sie unpassend und falsch, wie beispielsweise das Sofa auf einer Wiese.*
- *Ein Objekt, das in einer Umgebung prinzipiell möglich ist, wird dort nur an einer speziellen Stelle erwartet: Ein Hydrant steht nicht auf einem Briefkasten, wohl aber daneben.*

— *Objekte haben ein begrenztes Maß an möglichen Größen im Verhältnis zu anderen Objekten, sonst erscheinen sie zu klein oder zu groß für die dargestellte Szene.*

Die Einhaltung dieser Regeln gewährleistet zunächst einmal nur, dass die Szenerie nicht gestört und normal wirkt, nicht unbedingt, dass die Bedeutung des Dargestellten erkannt werden kann. Auch in diesem Punkt entspricht die visuelle Grammatik der sprachlichen Auffassung von Syntax und Semantik: Ein fehlerfreier, grammatikalisch richtiger Satz ist noch keine Gewährleistung für eine vorhandene inhaltliche Aussage. 5

Perspektive

Die nicht zu verändern Perspektive in Fotografien wurde als mögliche Irritation und daher Fehlerquelle bei der Informationsvermittlung genannt. Auch bei der Verwendung von Zeichnungen stellt sich die Frage, ob eine Zeichnung sinnvoll zwei- oder dreidimensional angelegt werden sollte. Eine Entscheidung sollte sich in erster Linie daran orientieren, welche Art der Wahrnehmung der Mensch hat. Sieht der Mensch seine Umgebung so, wie sie auf seiner Netzhaut abgebildet wird, d.h. zweidimensional, oder aber so, wie er gelernt hat, sich in geometrischen Räumen zu bewegen, also dreidimensional? Welche Art der Dreidimensionalität nimmt er wahr? 6

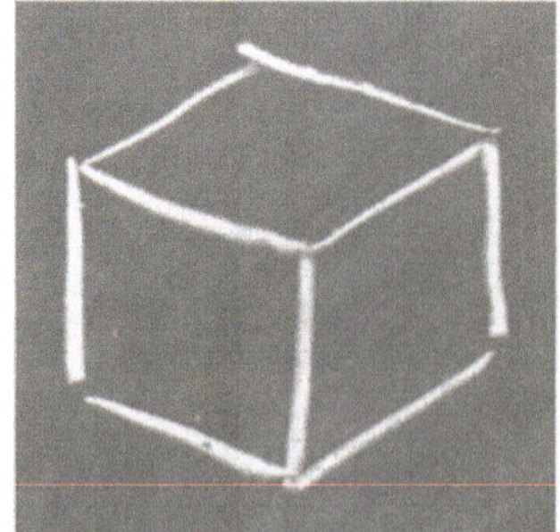

Menschliche Wahrnehmung der Umwelt konstituiert sich zu einem Großteil aus Wissen um bestimmte unveränderliche Merkmale (so genannte Invarianten), welches sich nicht durch den Ort der Betrachtung oder die Beleuchtung oder durch

andere Faktoren verändert. Wir wissen, dass Eisenbahnschienen immer parallel sind, und wir wissen, dass ein Tisch rechtwinklig ist, auch wenn er von unserer Perspektive aus betrachtet, rautenförmig zu sein scheint.
Invarianten sind also das *Gelernte*, die Fixwerte eines Objektes. Je ausschließlicher die Darstellung eines Objektes auf seine Invarianten ausgerichtet ist, desto mehr bekommt die Darstellung symbolischen Charakter. Ein Symbol eines Gegenstandes ist dann erfolgreich, wenn es den einen gemeinsamen Nenner abbildet, welcher alle Gegenstände dieser Kategorie zu vereinigen scheint.
Die Darstellung eines derartig global gültigen Merkmales lässt sich meist zweidimensional darstellen, andere, komplexere oder eben sehr viel spezifischere Zusammenhänge, beispielsweise Explosionszeichnungen, werden wiederum ohne Dreidimensionalität überhaupt nicht auskommen.

5 Kösler, Bertram: *Gebrauchsanleitungen richtig und sicher gestalten*, Seite 178.

6 ebd., Seite 189.

Eine Zeichnung wird eher der menschlichen Wahrnehmung entsprechen, wenn man darauf verzichtet, eine realistische Fluchtpunktperspektive nachzuempfinden und stattdessen eine axonometrische Darstellung wählt.
Wenn man einen entfernten oder im Unendlichen liegenden Fluchtpunkt wählt, stellt eine Zeichnung zwar ein weniger exaktes Abbild der Realität dar, aber sie bildet die Dinge so ab, wie das Gehirn sie in der Realität auffasst und verarbeitet, das heisst, parallele Linien sind tatsächlich parallel, die Größenverhältnisse von Gegenständen werden nicht verzerrt, es scheint kein nah und fern zu geben. Nicht mehr der Standpunkt des Betrachters ist ausschlaggebend für den Blick auf das Objekt, sondern das Objekt selbst. Besonders häufig verwendet wird die isometrische Axonometrie, die

drei Seiten eines Gegenstandes gleichwertig perspektivisch abbildet, sich also dafür eignet, drei Seiten ohne extreme Verzerrungen darzustellen. Eine andere Möglichkeit ist die Parallelperspektive, welche die Vorderseite eines Gegenstandes ohne Verzerrungen abbildet. ↗ Aufstehen 14 f.

In Einzelfällen kann es sinnvoll sein, eine didaktisch motivierte Perspektive zu wählen: Auch wenn es in der Regel als bildsemantischer Fehler aufgefasst wird, wenn Gegenstände *durchsichtig* oder in einer *unmöglichen Perspektive* dargestellt sind, so ist dies manchmal die einzige Möglichkeit, einen Zusammenhang zu veranschaulichen.

Essen 22 f.

Letztlich muss von Fall zu Fall entschieden werden, welche Darstellung angemessen und richtig ist, dabei sollte allerdings beachtet werden, dass bei einem Wechsel in der perspektivischen Darstellung innerhalb einer Gebrauchsanleitung die visuelle Zusammengehörigkeit der Darstellungen durch die Einheitlichkeit der übrigen gestalterischen, zeichnerischen Mittel gewährleistet ist.

Hervorhebung von Informationen

Für Bilder in Gebrauchsanleitungen gilt das Gleiche wie für Texte: Die Sprache sollte möglichst einfach sein, die wichtigen Informationen klar zu erkennen und auf einen Blick zu erfassen und zu verstehen sein.

Um diesem Anspruch gerecht zu werden, sollten in einem Bild nicht mehr als fünf Bedeutungseinheiten von Daten vermittelt werden. Werden in einem Bild mehr gleichwertige Informationen transportiert, lassen sie sich nicht mehr auf einen

Blick erfassen, beziehungsweise es kommt zu einer Überlagerung der visuellen Reize in der begrenzten Kapazität des Gedächtnisses, die Informationsaufnahme wird deutlich verlangsamt. Lesen 26 f.

Die mittels Bildern übertragene Information muss genauso gegliedert werden wie verbale Information, das bedeutet, dass der Betrachter einzelne Elemente der Bilddarstellung in sachdienliche Aussagen zusammenfassen können muss. Eine Abbildung sollte eine eindeutige Hauptaussage enthalten sowie untergeordnete Aussagen. [8]
Da in einem Bild aber naturgemäß eine höhere Informationdichte vorliegt, bietet es sich an, die wichtigsten Elemente der Abbildung durch Pfeile, Schwarzfärbung, unterschiedliche Strichstärken und generative Bildelemente hervorzuheben.

Zu viele unterschiedliche Mittel der Hervorhebung in Kombination vermindern die Wirkung des einzelnen Mittels. Auch sollten die Hervorhebungen sehr bewusst eingesetzt werden und für jeweils einen Zweck. Es ist verwirrend für den Betrachter, wenn Pfeile sowohl für die Verbindung zwischen Text und Bild verwendet werden wie auch in der Abbildung für die Andeutung einer Bewegung eines Elements und als Auszeichnung eines Details der Abbildung. Es muss im Vorfeld geklärt werden, wie viele unterschiedliche Arten der Auszeichnung es geben soll, welche Mittel der Text-Bild-Korrespondenz es gibt und wie Bewegungen dargestellt werden sollen, so dass es keine Doppelbelegung einzelner Stilmittel gibt. Schreiben 28 ff.

7 Eco-Ramge, Renate: »Gebrauchsanweisungen«, in: Schwender: *Zur Geschichte der Gebrauchsanleitung*, Seite 35 ff.

8 Beimel, Matthias/Lothar Maier: *Optimierung von Gebrauchsanweisungen*, Seite 37.

Strichstärke

Ähnlich wie die Hervorhebung in Texten durch fettere Schriften kann auch in Zeichnungen Wichtiges durch eine dickere Strichstärke hervorgehoben werden.
Die Strichstärke für wichtige Bildinhalte sollte dabei in dem Bereich liegen, in dem das menschliche Auge am empfindlichsten reagiert. Beim optimalen Leseabstand von 25 cm wäre dies eine Strichstärke zwischen 0,73 und 1,1 mm. Entsprechend sollten die dünnen Linien für weniger wichtige Bildelemente fünfmal schmaler sein als die dicken, also zwischen 0,15 und 0,25 mm Stärke liegen. [9] Aufwachen 13

[9] Kösler, Bertram: *Gebrauchsanleitungen richtig und sicher gestalten*, Seite 213.

[10] ebd., Seite 201.

Überzeichnung

Illustrationen sollen prägnant formuliert werden. Unter Umständen müssen kleine Details, die sich nicht allein dadurch hervorheben lassen, dass sie farbig oder in einer stärkeren Strichstärke dargestellt werden, im Verhältnis größer als real dargestellt werden, damit das Augenmerk des Betrachters sofort auf sie gerichtet wird. Gehen 20 f.
Tests haben ergeben, dass eine Verzerrung der Größenverhältnisse bis zu einem Verhältnis von 1:1,5 nur unwesentliche Irritationen beim Betrachter und Abweichungen beim Erkennen des Gegenstandes hervorrufen. Ebenso wie relevante Einzelheiten vergrößert dargestellt werden können, ist es sinnvoll, nichtssagende Elemente wegzulassen, wenn dadurch nicht der Gesamteindruck eines Objektes verfälscht wird. [10]

Schraffuren

Auch in einer eigentlich rein informativ-technischen Zeichnung für eine Gebrauchsanleitung ist man unter Umständen versucht, perspektivische Bezüge, Licht und Schatten, Beziehung zum Raum mit Schraffuren anzudeuten.
Insbesondere im 18. und 19. Jahrhundert wurde dieses zeichnerische Mittel im Überfluss eingesetzt. Mit der zunehmenden Technisierung der betreffenden Gegenstände mussten jedoch eine steigende Zahl von kleinen Details in den Zeichnungen untergebracht werden, die Schraffuren wichen relevanten Informationen. Die Darstellungsform wurde immer reduzierter bis hin zu einer fast ausschließlichen Verwendung von Strichzeichnungen, ohne Andeutung von Schattenflächen, weder durch Schraffuren noch durch Farbwechsel.
Die Zeichnungen wurden klarer und übersichtlicher; auch kann man davon ausgehen, dass eine korrekte Zeichnung nicht das Hilfsmittel der Schraffur benötigt, um über etwaige Unklarheiten in der Perspektive oder im räumlichen Bezug hinwegzutäuschen. Zudem kann so vermieden werden, dass Flächen mehrdeutig wahrgenommen werden: Geht aus der Zeichnung hervor, dass Grauflächen nie Schatten darstellen, sondern immer Bildhintergrund und -vordergrund trennen sollen, kann der Betrachter sehr viel schneller die abgebildeten Objekte erkennen.

Farbe

Was den Einsatz von Farbe betrifft, so werden Farbfotos in der Regel nicht schneller oder besser verstanden als Schwarzweißfotos, das Gleiche gilt für Strichzeichnungen. Die meisten Informationen können ebenso schnell und sicher in Schwarzweiß- wie in Farbdarstellungen übertragen werden.

Sowohl in Texten als auch in bildlichen Darstellungen kann Farbe wichtige Details kennzeichnen und das Augenmerk des Lesers darauf richten. Eine Farbe sollte immer nur für eine Art der Kennzeichnung verwendet werden, *rot* bedeutet *wichtiger Hinweis* oder *Hebel betätigen*, jedoch nicht beides gleichzeitig. Eine derartige Doppelbelegung auf der Bedeutungsebene gefährdet den sicheren Informationstransfer, da bei jedem erneuten Auftauchen einer Farbe nach ihrem Sinn gefragt werden müsste. Auch haben sich für bestimmte Farben Bedeutungen etabliert, wie beispielsweise die Verwendung eines Gelb-Schwarz-Kontrastes zur Auszeichnung gefährlicher Stoffe und für Gefahrenhinweise. Beim Einsatz von Farben muss daher damit gerechnet werden, dass der Betrachter aufgrund seines Vorwissens automatisch bestimmte Assoziationsschemata für eine etablierte Farblogik abruft und deshalb unter Umständen die beabsichtigte Aussage nicht erkennt.

Bildinhalt

Bilder in Gebrauchsanleitungen sollen Informationen vermitteln, illustrieren und Zusammenhänge verdeutlichen, räumliche Bezüge darstellen, die sprachlich nur sehr umständlich zu fassen wären, und sie sollen Handlungs- und Bewegungsabläufe abbilden.
Tätigkeiten setzen sich zusammen aus Zuständen, Handlungen und Operationen, die in einer bestimmten Abfolge realisiert werden. Ausgehend von einem Urzustand verändert jede einzelne Operation diesen Zustand so lange und so oft, bis der erwünschte Endzustand erreicht ist. Die kleinste Einheit einer Gebrauchsanleitung wäre demnach die Beschreibung eines Zustandes A und der Aktion A1, die zum Zustand B führt.

Während einfache Operationen als Schnappschüsse verständlich repräsentiert werden können, stellt sich bei komplexen Handlungszusammenhängen die Frage, wie ein solcher Gesamtzusammenhang visualisiert werden kann, da im Grunde das *Wesen* einer Handlungsabfolge erfasst werden soll, die aber aus mehreren Einzelhandlungen besteht. Es ist möglich, aufeinander folgende Aktionen innerhalb einer Abbildung mit einer Nummerierung aus der scheinbaren Gleichzeitigkeit heraus in eine zeitliche Kontinuität zu bringen. Wenn eine Handlungsabfolge umfangreicher ist, bietet sich eine Bild- und Textfolge an. Dazu muss nicht jeder einzelne Zustand im Bild fixiert werden, es reicht, wenn die Aufnahmen so dicht aufeinander folgen, dass der Betrachter in der Lage ist, die fehlenden Bilder mental zu ergänzen, und er eine Vorstellung von der vorhergehenden und der nachfolgenden Sequenz der Bewegung entwickeln kann.

Eine in diesem Zusammenhang häufig verwendete Technik ist der Einsatz von richtungsangebenden Pfeilen, die die *eingefrorenen* Momentaufnahmen in den Bewegungsablauf zurückholen. Trinken 24 f.

Eine ebenfalls Bewegung suggerierende Funktion hat die Darstellung von Händen und Fingern in Anleitungen, sie sind meist Indikator für einen direkt vom Betrachter auszuführenden Handgriff oder eine Aktion; *»die Hand als pars pro toto für den handelnden Menschen«* 11, während Pfeile und Bewegungslinien meist eine zwar vom Benutzer ausgelöste, aber in erster Linie das Objekt selbst betreffende Bewegung andeuten. Ein Beispiel wäre die Darstellung einer Hand, die einen bestimmten Schalter betätigt, woraufhin sich eine Klappe am Gegenstand öffnet, was wiederum durch einen Pfeil angedeutet würde. 12

Verneinung

Bei der Arbeit mit informativen Abbildungen stellt sich immer das Problem der visuellen Verneinung, da es keinen überzeugenden Weg gibt, bildlich vor bestimmten Handlungen zu warnen oder sie zu verbieten.

Eingebürgert hat sich das diagonale Durchstreichen oder Durchkreuzen der jeweiligen Abbildung; um sicherzugehen, werden derartige Warnungen und Verbote jedoch meist von sprachlichen Warnungen begleitet. Sobald eine Warnung nicht offensichtlich einleuchtend ist, sondern erst argumentativ untermauert werden muss, kann ohnehin nicht auf den Einsatz von sprachlichen

Mitteln verzichtet werden. Das bildliche Zeichensystem eignet sich sehr gut, Zustände darzustellen, da ohne Schwierigkeiten räumliche Bezüge verdeutlicht werden können.

Besser als mit rein sprachlichen Anleitungen können einerseits die Elemente einer Ausgangssituation abgebildet und andererseits der Handlungserfolg überprüft werden, abstrakte Zusammenhänge können aber nur eingeschränkt umfassend dargestellt werden.
Es scheint sich daher anzubieten, hierarchieniedrigere Handlungselemente visuell abzubilden, dagegen den Kontext, den Zusammenhang, der die einzelnen Bildfolgen argumentativ und folgerichtig miteinander verbinden soll, auf sprachlicher Ebene darzustellen. [13]

11 Ballstaedt, Steffen-Peter: »Die bildliche Darstellung von Handlungen in technischen Dokumenten«, in: Schwender, Seite 82 f.

12 ebd., Seite 86.

13 ebd., Seite 73.

Bild-Text-Kombinationen

Abbildungen können im Rahmen einer Text-Bild-Kombination die Informationsvermittlung entscheidend unterstützen. In wesentlich größerem Maß als Texte können Bilder als so genannte *advance organizer* eingesetzt werden, sie aktivieren kognitive Schemata, also schon vorhandenes Wissen der Leser. Sobald mittels einer Abbildung der richtige Kontext aufgerufen wurde, können Textinformationen leichter verstanden und verarbeitet werden.

Bild oder Text

Manche schriftlich formulierte Fragestellungen überfordern in ihrer Komplexität die mentale Fähigkeit, Informationen sinngemäß und bedeutungsvoll strukturiert zu gliedern. Häufig wird die Lösung des Problems in dem Moment offensichtlich, in dem es grafisch dargestellt wird. Die Umsetzung schriftlicher Informationen in grafische Form, Diagramme, Flow-charts und Ähnliches hilft häufig, die dargestellte Sachlage besser zu verstehen, und oft kann die Information auf diese Weise wesentlich platzsparender und deutlicher dargestellt werden. Begrüßen 44 ff.
Eine Abbildung des konkreten Sachverhalts kann umfangreiche Erläuterungen zu zeitlichen und räumlichen Beziehungen der Objekte ersparen, die sprachlichen Darstellungen können sich auf

abstrakte Zusammenhänge und nicht visualisierbare Handlungen beschränken. Der Forderung nach Kürze und Prägnanz kann Rechnung getragen werden, die Abbildung liefert zusätzliche Stimulanz.

Erinnerungsvermögen

Bilder können im Text übermittelte Einzelinformationen bündeln und integriert – bedeutsam – darstellen. Auf diese Weise wird von vornherein die große Zahl von isolierten, bedeutungsarmen Informationen zu einer Bedeutungseinheit, einem Chunk, zusammengefasst und dadurch vom Betrachter besser und längerfristiger memoriert.
Es hat sich gezeigt, dass visuelle Informationen besser erinnert und schneller wiedererkannt werden als verbale. So kommt es, dass wir uns an ein Gesicht, aber nicht an den dazugehörenden Namen erinnern.
Außerdem entsteht bei einer Text-Bild-Darstellung Redundanz, Informationen werden verbal und visuell kodiert. Die Wahrscheinlichkeit steigt, diese Informationen später auch wieder problemlos abrufen zu können. 1

Bildanteil

In den historischen Beispielen von Gebrauchsanleitungen für technische Geräte fällt auf, dass in erster Linie der Text als Leitmedium von Bedeutung war. Bilder waren Illustrationen. Mittlerweile ist unübersehbar, dass es insbesondere die geschickte Wechselwirkung von Text und Bild ist,

die über den Erfolg einer Gebrauchsanleitung entscheidet, da viele Benutzer den Text ohnehin nur widerstrebend lesen. Es findet allgemein ein Rückgriff auf sprachunabhängige Formen der Informationsübermittlung statt.
Je nachdem, ob bestimmte Informationen im Bild- oder im Textteil einer Gebrauchsanleitung auftauchen, werden sie unterschiedlich gut vom Nutzer aufgenommen. So führt die visuelle Darstellung kontextueller und operationaler Informationen zu einem schnelleren Verständnis und einer schnelleren Umsetzung der Aufgabe, Entscheidungen werden unmittelbar getroffen. Die Entnahme sprachlicher Informationen aus einem Text ist umständlicher, führt jedoch zu einer exakteren, fehlerfreieren Handhabung durch den Nutzer.

Insgesamt erreicht man mit der bildlichen Darstellung schnell Grenzen: Während räumliche und zeitliche Bezüge sehr gut visualisiert werden können, ist die Darstellbarkeit auf Situationsbeschreibungen und einfache Aktionen beschränkt. Sobald Zusammenhänge komplexer und abstrakter werden, ist es nicht mehr möglich, sie ausreichend und umfassend allein bildhaft darzustellen.
Zwei Kriterien sollten daher darüber entscheiden, ob eine Information innerhalb der Anleitung sprachlich oder bildhaft präsentiert werden soll. Zum einen der Grad der Abstraktion dieser Information, wie weit es möglich ist, die Inhalte auf eine eindeutige Abbildung zu reduzieren. Zum anderen die Frage nach dem zu erzielenden Ergebnis, soll eine Handlung besonders zügig ausgeführt werden können oder ist die Präzision wichtiger als die Geschwindigkeit? [2]

1 Eberleh, Edmund: »Komplementarität von Text und Bild«, in: Becker, Seite 82 ff.

2 Beimel, Matthias/Lothar Maier: *Optimierung von Gebrauchsanweisungen*, Seite 37.

Bebilderte Texte

Bei Texten, die durch Abbildungen ergänzt werden, stellt sich immer die Frage, inwieweit der Betrachter sich auf diese zweite Ebene der Informationsübertragung einlässt, beziehungsweise wie wahrscheinlich es ist, dass der Leser diese visuell integrierten Informationen ignoriert?

Die Fähigkeit, sowohl perzeptuelle wie auch verbale Informationen gleichzeitig aufzunehmen, ist sehr vom einzelnen Leser und seiner Leseerfahrung abhängig. So rührt die Vernachlässigung der visuellen Elemente oft von der Befürchtung des Lesers her, er würde beim Verlassen der Textebene auch die Stelle verlieren, an der er sich gerade befand. Es erfordert eine gewisse Koordination der eigenen Wahrnehmung, alle in unterschiedlichen Rezeptionsmodi angebotenen Informationen aufzunehmen, so dass sich auch die Lese-Motivation des jeweiligen Lesers bemerkbar macht.

Wie stark die verständnissteigernde Wirkung von Bildern sein kann, hängt davon ab, in welcher inhaltlichen und räumlichen Beziehung diese zum verbalen Text stehen. Im Idealfall ergänzen sich Text und Bild zu einer eindeutigen und geschlossenen Informationseinheit. Da Abbildungen zu sinnlosen Illustrationen degradiert werden, wenn sie lediglich die Informationen wiederholen, die schon im Text enthalten sind, sollten sich Text- und Bildebene gegenseitig ergänzen. Dabei gibt es einerseits den Ansatz des *Learning-by-doing*, wonach das Informationsangebot in Gebrauchsanleitungen auf das absolut Notwendigste beschränkt wird, die Präsentation der Informationen ist praktisch redundanzfrei.

Im Gegensatz dazu stehen Erkenntnisse aus der Informationstheorie, wonach es bei der Übertragung von schriftlich fixierten Nachrichten immer wieder zu Störungen kommen kann. Um zu verhindern, dass diese Störungen, Verständnisschwierigkeiten oder unabsichtlich mehrdeutige Formulierungen letztlich den Erfolg einer Anleitung beeinträchtigen, erscheint es sinnvoll, bei wichtigen Informationen eine gewisse Redundanz in Kauf zu nehmen und wichtige Informationen mehrfach zu vermitteln.

Es sollte immer eine räumliche Verzahnung, eine Komplementarität von Text und Bild bestehen: Die Textstellen, die mit den jeweiligen Bildinformationen korrespondieren, müssen leicht zu finden sein, d.h., ebenso schnell wie die Bildinformationen erfasst werden, muss auch die entsprechende Textinformation zugeordnet werden können. Ein problemloses Zurückfinden in den Text muss unterstützt werden.

Die Seitenaufteilung muss gewährleisten, dass beide Informationsebenen synchronisiert sind und sie ohne Schwierigkeiten simultan wahrgenommen werden können. [3]

3 Zieten, Werner: *Gebrauchs- und Betriebsanleitungen: direkt, wirksam, einfach und einleuchtend*, Seite 102.

Leitinformation und Hilfsinformation

Trotz der angestrebten doppelten Kodierung und Verarbeitung der Daten auf visueller und verbaler Ebene wird auch in einer Bild-Text-Kombination immer zwischen einem Leit- und einem Hilfsmedium unterschieden. Das Leitmedium trägt den Großteil der Informationen, so dass es auch alleine verständlich ist, im Gegensatz zum Hilfsmedium. Leitmedium kann sowohl der Text- als auch der

Bildteil sein. Das Leitmedium sollte in seiner Funktion als solches, als Haupttext, erkannt und als Erstes erfasst werden können. Ein Europäer wird die Leitinformation gemäß seiner Leserichtung und -gewohnheit immer oben links erwarten; davon ausgehend haben sich drei Möglichkeiten der Aufteilung etabliert.
Bei einer Horizontalverteilung steht das Leitmedium in einer Reihe von links nach rechts, das Hilfsmedium entsprechend der Zuordnung jeweils darunter.
Bei einer Vertikalverteilung steht das Leitmedium auf der linken Seite in einer Reihe von oben nach unten, jeweils rechts daneben das Hilfsmedium.
Wenn in einem fortlaufenden Text an den entsprechenden Stellen Bilder eingefügt sind (respektive wenn eine fortlaufende Reihe von Abbildungen an den entsprechenden Stellen mit Texten versehen ist), bezeichnet man dies als Streuverteilung.

4 www.arbeitssicherheit.uni-wuppertal.de/text/betriebsanweisungen.html

»Als Hilfsmittel für das schnelle und problemlose Erstellen von Betriebsanweisungen bietet der Fachhandel Formularvordrucke zum Selbstbeschriften und Piktogramme zum Aufkleben. Ferner existieren Softwareprogramme, die das Erstellen von Betriebsanweisungen erleichtern, indem sie die grafische Gestaltung übernehmen und Standardfloskeln, R+S-Sätze etc. zur Verfügung stellen. Anschließend können die fertigen Betriebsanweisungen für weitere Verwendungen gespeichert und auf einem Farbdrucker ausgegeben werden.« 4

Quellen- und Literaturverzeichnis

Arbeitsgemeinschaft der Verbraucherverbände: Gebrauchsanweisungen – oft ein Buch mit sieben Siegeln. Verbraucher Rundschau AgV, Nr 1, Januar 1988. Bonn: 1988.

Ballstaedt, Steffen-Peter: »Die bildliche Darstellung von Handlungen in technischen Dokumenten«, in: Schwender, 1999.

Ballstaedt, Steffen-Peter/Heinz Mandel/Wolfgang Schnotz/Sigmar-Olaf Tergan: *Texte verstehen, Texte gestalten*. München, Wien, Baltimore, 1981.

Becker, Thomas/Ludwig Jäger/Walter Michaeli/Heinrich Schmalen (Hrsg.): *Sprache und Technik. Gestalten verständlicher technischer Texte*. Aachen, 1990.

Beimel, Matthias/Lothar Maier: *Optimierung von Gebrauchsanweisungen*. Dortmund, 1986.

DIN V 8418. *Benutzerinformation. Hinweise für die Erstellung*. Berlin, 1988.

Eberleh, Edmund: »Komplementarität von Text und Bild«, in: Becker et al. 1990.

Eco-Ramge, Renate: »Gebrauchsanweisungen«, in: Schwender, 1999.

Ehlich, Klaus/Claus Noack/Susanne Scheiter (Hrsg.): *Instruktion durch Text und Diskurs: Zur Linguistik »Technischer Texte«*. Opladen, 1994.

Elsner, Joachim/Stefan Mose: »Franz Kafka als Technical Writer«, in: Kallinich, 1997.

Friske, Hans-Jürgen: *Technische Dokumentation: Grundlagen zum Verfassen von Anleitungstexten*. Münster, 1996.

Gebert, Bernd: »Ist für bessere Gebrauchsanweisungen eine geistige Wende erforderlich?«, in: Westendorp, 1989, Seite 9.

Grosse, Siegfried/Wolfgang Mentrup (Hrsg.): *Anweisungstexte*. Forschungsberichte des Instituts für Deutsche Sprache, Nr. 54: Anweisungstexte, Tübingen, 1982.

Hahn, Jürgen H.: *Jetzt zieh den Zipfel durch die Masche. Das Buch der Gebrauchsanweisungen*. Zürich, 1994.

Hanisch, Wolf A. (Hrsg.): *Sie müssen nur die Welle durch die Tülle schieben. Kuriose Gebrauchsanweisungen*. Hamburg, 1993.

Hautzinger, Nina: *Vom Buch zum Internet? Eine Analyse der Auswirkungen hypertextueller Strukturen auf Text und Literatur*. St. Ingbert, 1999.

Hering, Heike: »Historische Facetten der Technischen Dokumentation«, in: Kallinich/ Schwender, 1997.

Kallinich, Joachim/Clemens Schwender: *Erst lesen – dann einschalten! Zur Geschichte der Gebrauchsanleitung*, Ausstellungskatalog. Berlin, 1997.

Klinger, Edgar: *Gestaltung von Sicherheitskommunikation: eine Wirkungsanalyse sicherheitsrelevanter Produktaufschriften*. Wiesbaden, 1998.

Kösler, Bertram: *Gebrauchsanleitungen richtig und sicher gestalten*. Wiesbaden, 1992.

Landow, George P.: *Hypertext. The Convergence of Contemporary Critical Theory and Technology*. Baltimore/London, 1992.

Lang, Michael: »Zum Teufel mit der Anleitung«, in: Süddeutsche Zeitung, Nr. 297, 27.12.2000.

Langer, Inghard/Friedemann Schulz v. Thun, Reinhard Tausch: *Sich verständlich ausdrücken*. München, 1982.

Mijksenaar, Paul/Piet Westendorp: *Open Here. The Art of Instructional Design*. London, 1999.

Musil, Robert: *Der Mann ohne Eigenschaften*. Reinbek b. Hamburg, 1978.

Nickl, Markus: »Gebrauchsanleitungen der 50er und 60er – alte Hüte«, in: Schwender, 1999.

Pagel, Andreas: »MZ und BMW – Betriebsanleitungen im Systemvergleich«, in: Schwender, 1999.

Perec, Georges: *Das Leben. Eine Gebrauchsanweisung*. Reinbek b. Hamburg, 1994.

Petersen, Dörte: *Die Gebrauchsanweisung als kommunikatives Mittel* (Dipl-Arb.). Bonn, 1985.

Pirsig, Robert M.: *Zen and the Art of Motorcycle Maintenance. An Inquiry into Values*. London, 1989.

Saile, Günter: »Wie montiert man einen Fleischwolf. Linguistische Analyse einer Anleitung«, in: Grosse/Mentrup, 1982.

Schulz von Thun, Friedemann: *Miteinander reden 1*. Reinbek b. Hamburg, 1981.

Schwender, Clemens (Hrsg.): *Zur Geschichte der Gebrauchsanleitung. Theorien – Methoden – Fakten*. Frankfurt am Main, 1999.

Schweres, Manfred: »Bildschirmtexte wenig einprägsam«, in: Frankfurter Allgemeine Zeitung, Nr 8, 10.01.2001.

Steehouder, M/C. Jansen, Pieter van der Poort/R. Verheijen: *Quality of Technical Documentation*. Amsterdam, Atlanta, 1994.

Tratschitt, Dagmar: »Über die Anleitungen, Anweisungstexte verständlich abzufassen«, in: Grosse/Mentrup, 1982, Seite 159.

Watzlawick, Paul: *Anleitung zum Unglücklichsein.* München, 1998.

Westendorp, Piet: »Design concepts of user manuals«, in: Steehouder, 1994, Seite 39.

Westendorp, Piet: *Gebrauchsanweisung – Dient die Technik dem Menschen?* Wiesbaden, 1989.

Westendorp, Piet: »Sind Ihre Gebrauchsanleitungen brauchbar?«, in: Westendorp, 1989, Seite 26.

Zieten, Werner: *Gebrauchs- und Betriebsanleitungen: direkt, wirksam, einfach und einleuchtend.* Landsberg, Lech, 1990.

http://www.arbeitssicherheit.uni-wuppertal.de/texte/betriebsanweisungen.html

http://www.a-site.at/Freizeit/messages/219.htm

http://www.biwidus.ch/text/t01/0168.html

http://www1.informatik.uni-jena.de/Lehre/soft+Erg/vor_d150.htm

http://www.privat.schlund.de/h/hk/ms/gebrauchsanw.htm

http://www.schwert-bischof.de/german/Gebrauchsanweisung

http://www.tu-berlin.de/fb1/ikwmm/gebrauchsanleitung/index.html

Stichwortregister

Wie schaffe ich es, immer die richtige Menge Salz ins Nudelwasser zu schmeißen?